建築家の読書塾

難波和彦編

みすず書房

建築家の読書塾　目次

Ⅲ　自生的秩序と計画

IV　歴史の底流

建築家の読書塾

はじめに　ガイドマップにかえて

難波和彦

本書は、東京大学建築学専攻・難波研究室と難波和彦・界工作舎のOB・OGを中心メンバーとし、一般有志も加わって組織された「開かれた読書会」LATs（Library for Architectural Theories）の活動記録である。LATsは理論的・歴史的な視点から現代建築をとりまく状況を再考することをめざして二〇一〇年六月から活動を開始し、現在も断続的に活動を続けている。

モダニズムの建築・都市理論は、いまや現実と乖離し説得力を失っている状況にある。ポストモダニズムの登場から四十年経過した現在において、モダニズム理論への懐疑はもはや常識となっているといってもよい。一九九〇年以降に勃興したさまざまな出来事、グローバリゼーションの加速化、IT技術革命、金融資本主義の席巻、中東やアジアにおける非西欧文化圏の急成長は、モダニズム理論と現実との乖離をさらに拡大している。現代では都市は計画が不可能だといわれる一方で、極私的な状況までも建築設計の中心的命題にとりいれられるような状況になりつつある。

しかしながらモダニズム理論の欠陥を「近代化＝モダニゼーション」の失敗とみなすのは、あまりに短絡的な判断である。近代建築への「異議申し立て」としてあらわれたポストモダニズムは、たしかにモダニズム理論の弱点を衝いた面もあったが、その建築的な表現は一時的な流行として消費されてしまった。逆にポストモダニズムの表現上の空転は、現代がいまだに「近代化＝モダニゼーション」の影響下にあることの逆証明のように思われる。モダニズム理論の是非にかかわらず、近代化の核心である資本主義は、巨大な矛盾を孕みながらも依然として持続している。とりわけ新興国においては、近代化はいまだにアクチュアルな問題として存在しているからである。ぼくたちは現在においても「近代化＝モダニゼーション」の潮流から逃れることはできない。問題はモダニズムの建築・都市理論が、あまりにも純粋で抽象的すぎた点にあるのではないかというのがＬＡＴｓメンバーの時代認識である。

以上のような時代認識のもとに、ＬＡＴｓはとりくむべきテーマを「日常性」「複雑性」「具体性」「歴史性」「無名性」「無意識」という一連のキーワードとして列挙し、これにもとづいて近代以降の著作を精緻に読みこみながら、モダニズム運動の陰で捨象された「近代」をとらえる精細でオルタナティヴな視点の探索を試みようと考えた。「近代」への認識の解像度を高めることは、その先へと向かうスタート地点となるだろう。同時にそれは、理論的な建築実践の可能性をいま一度検証する試みでもある。

建築のとらえ方には大きく分けてふたつの立場がある。ひとつは建築をつくる立場であり、もうひとつは建築を使う立場である。前者は建築を構想し設計する建築家と建設する建設会社の立場、後者は建築を使うユーザーつまり生活者の立場といってもよい。もちろん建築家が建築を設計する際には、当然それがどう使われるかを考慮しなければならないし、使う立場は建築を使いこなすために、それがどのような意図にもとづいて設計されているかを理解することが必要である。したがって両者の立場を明確に切り分けることはむずかしい。しかしふたつの立場は建築のとらえ方の違いを理解するには好都合である。

建築の見方にはもうひとつ対照的なふたつの視点がある。ひとつは建築を立体的な造型あるいは空間としてとらえる視点であり、もうひとつは建築を機能的な存在、つまり生活の場としてとらえる視点である。前者は建築を一種の芸術作品としてとらえ、後者は建築を実用的で社会的な存在としてとらえる。一般的には、前者をアート、後者をデザインといってもよいかもしれない。前者の視点からは建築家はアーティストとみなされ、後者の視点からは建築家はデザイナーとみなされる。とはいえ建築は必ずふたつの側面をあわせもっているので、現実の建築においては、両者をそれほど明確に分類することはできない。

以下に紹介する四つのテーマは、右に述べたふたつの対比、すなわち建築家とユーザーの立場と、アートとデザインという視点の相違の組み合わせによって成立している。このふたつの対比軸によれば、本書におけるＬＡＴｓのめざすところは、それぞれの対比において前者から後者へ、つまり建築家からユーザーへ、アートからデザインへと建築のとらえ方と視点を移動させるところにある。ＬＡＴｓはそのような視点の移動が現代の建築・都市理論にもっとも必要とされているのではないかと考えているのである。

I 日常性の美学

第一のテーマでは、右に述べた建築をとらえるふたつの対比を逆転させて、「使う立場」が同時に通常とは異なる意味での「つくる立場」でもあることが主張されている。

『日常的実践のポイエティーク』では、つくられたものを使う行為においても、多様で創造的な発想が展開されていることを明らかにしている。そしてそのような発想の転換によって「生産と消費」という従来の二元論を脱構築しようとしているのである。そこから技術はものをつくるためだけに存在するのではなく、使うための技術も存在することが主張されている。

『S, M, L, XL +』では、建築デザインや都市計画において、その前提条件となる現代の社会的な状況や都市的なコンテクストを、さまざまな視点から精細に調査し分析する作業がおこなわれている。これまでも同じような調査や分析はおこなわれてきたが、それは特異なデザインや都市コンテクストの転換を目的としていた。これに対して本書では、グローバルな時代の世界的な状況と都市コンテクストにふさわしいアノニマスで批評的な建築デザインと都市計画のあり方を模索している。

『崇高と美の観念の起原』では、美や崇高の感情を引き起こす要因は、自然現象やつくられたものがもっている特性からの刺激だけではなく、それを受けとめる人間からの積極的な働きかけでもあることが主張されている。そこから、つくる立場に必要なのは、使う立場に対する一方的な働きかけではなく、むしろ使う立場からの働きかけを引きだすことであることが明らかにされる。

このような視点から、クリエーションとは、非日常的で特別な行為であると同時に、日々繰り返される日常的な行為の隅々に浸透しようとする行為でもあることが確認されるのである。

II　無意識の構造

第二のテーマは「使う立場」あるいはデザインの「機能性」における無意識の働きに注目している。使うことの本質は「慣れる」ことである。慣れることとは、時間をかけて使う行為を反復することによって、使い方をいちいち意識しなくても行為がスムースにおこなえるようにルーチン化し、身体の一部のように無意識化することである。

『生きられた家』では、むかしながらの民家やありふれた住宅に人びとが住みこみ、時間をかけて独特の雰囲気を醸し出している様相が、さまざまな視点から分析されている。そこで明らかにされるのは、建築家の意識的なデザインによって「つくられた家」に欠けている「生きられた家」となるための多様な条件である。著者は、そのような条件が建築家のデザインの方法にフィードバックできるかどうかを問おうとしている。

『驚異の工匠たち』は、世界中に散在するヴァナキュラーな建築を探りながら、近代以前に自然発生的に生みだされたユニークな建築を収集している。それらは一見すると自然発生的な産物のようにみえるが、じつはそうではなく、つくり手であると同時に使い手でもある名もない優秀な工匠たちが生みだし、それが人々に受け継がれ、時間をかけて改良されてきた人工物なのである。

『生態学的視覚論』は、地球上の重力のもとで進化してきた生物の遺伝子のなかに、長い時間をかけて組みこまれた生態学的な回路を探りだそうとしている。そのような回路のなかでももっとも重要な能力が視覚的な定常回路、すなわちアフォーダンスである。それは生物としての人間が環境との相互作用によって長い時間をかけて身体化・無意識化してきた一種の空間図式である。生物としての人間はその図式にしたがって無意識的に外界を把握する。したがってアフォーダンスに適合させることがデザインの機能性を高める重要な条件となるのである。

Ⅲ　自生的秩序と計画

第三のテーマは「つくる立場」と「使う立場」が相互作用を通じて生みだす巨大なシステムの可能性に注目している。現代はモダニズムの時代のように都市や街をまるごと計画するトップダウンの時代ではない。大きなガイドマップのような方針がつくられることはあるが、現代ではそれさえも人びとのさまざまな意見によって民主的な合意のもとにボトムアップ的につくられている。

『アメリカ大都市の死と生』は、ニューヨークのダウンタウンが住民の努力によって安全で快適な都市として再生した経緯を通じて、高密度なコンパクトシティの条件について経験的・実証的に論じている。一九六〇年代のトップダウン的な計画の時代に書かれた批評的な内容だが、新自由主義的な思想が浸透した現代においてもあらためて読みなおされるべき古典である。

『球と迷宮』は建築家たちがトップダウンの計画にとりつかれていたモダニズムの時代のさまざまな試行錯誤を紹介している。ぼくたちはモダニズムの建築家たちのヴィジョンを学びながら、それを彼らとは逆にボトムアップ的な方法で実現する方法を構築しなければならない。

『混沌からの秩序』は、物理学の世界においてはじめて時間の不可逆性が証明されるにいたった十七世紀から現代までの歴史的経緯を紹介している。社会科学や人文科学においては当然とされている時間の不可逆性が物理学ではごく最近まで証明できなかったのは、社会や都市のような複雑性を備えた存在をモデル化する方程式を解析できなかったからである。

Ⅳ　歴史の底流

第四のテーマは、立場や視点の相違をこえて歴史の底流にある「変わらないもの」へのまなざしである。歴史は千変万化の出来事にあふれているが、その底には変わらず持続している底流があるのではないかと考える。歴史はたえず移り変わる出来事と、ほとんど変化しない宇宙的な法則（それさえもじつはゆっくりと変化するのだが）とのあいだに広がる多層構造によって成り立っているといってもよいかもしれない。

『建築における「日本的なもの」』は、「日本的なもの」に関する磯崎新流のユニークな視点である。磯崎によれば、「日本的なもの」は具体的な表現にだけではなく、むしろ表現に向かう態度にあるのかもしれない。このアイデアは、「外」から受け入れた文化や思想を換骨奪胎し、身体化してしまう日本人特有の態度である。そのように考えると、グローバルな情報に対してもっとも敏感な磯崎自身が「日本的なもの」の典型的な存在ではないかという逆説的な結論に思いいたる。

「複製技術時代の芸術作品」や『パサージュ論』などヴァルター・ベンヤミンの一連の著作は、十九世紀のプレモダンなアートや都市に対する微細な観察記録である。ル・コルビュジエがベンヤミンとほぼ同時代を生きたことは注目されてよい。十九世紀には近代建築を推進するさまざまな技術が開発されたが、ル・コルビュジエはその最先端を都市に適用することを試み、ベンヤミンは新しい技術がもたらす人びとの感性の緩やかな変化に注目した。表層と深層の変化をとらえようとした両者を結びつけることがぼくたちに課せられた課題ではないだろうか。

『身ぶりと言葉』は、人類発生以来の壮大な歴史のなかで、技術＝身ぶりと文化＝言葉とが手を携えて進展してきた自然史的な経緯を概観している。近代以降、技術と文化はたがいに独立して歩んできたようにみえるが、人類史をさかのぼり両者の緊密な関係を知ることによって、両者が接近遭遇した近代建築の可能性を見直すことができるのではないかと考える。

I　日常性の美学

『日常的実践のポイエティーク』を読む

ミシェル・ド・セルトー

建築の物語

西島光輔＋栃内秋彦

建築写真

建築は、誕生した瞬間から受難の時を過ごすのだろうか。新築という束の間の幻想は、はたしてそういう状態があったかもわからないうちから、無数の侵犯を余儀なくされるようにみえる。建築家の与り知らぬ家具やら調度品、はたまた他者の迷信等々やっかいな代物が遠慮なくもちこまれ、竣工の直後には、もうすでにあの姿を見せることは二度とあるまい。エフェメラル（短命）の強迫観念。だから建築家は写真を撮るのだろうか。変貌を宿命づけられた、あの帰らぬ一瞬をとらえるために？　こうして生産される建築写真というものは、本来的に「フィクション」でしかありえない。だからといって、その価値が減じられるべきだと主張するわけではない。事実、書店に並ぶ雑誌にはそうした幻影の数々が立ち並んでいるのだから。今日も倦むことなく、それらの上を通りすぎてゆく無数のまなざしは、いったい何を求めているのだろうか。

それは長いあいだ建築の姿をもっともよく伝えるメディアであるとみなされていただけに、写真に対する反応によって建築家のスタンスを見積もることも可能である。たとえばモダニストと呼ばれる建築家は、この本来的に「かりそめの（フィクティフ）」イメージに真理のヴェールを覆い被せようと試みた。家具をデザインするということは、不可避的に侵入してくる異物のための余地をあらかじめ奪っておくということである。精緻なパースによってやや過剰な青写真を描いてみせるということは、使用者の予測不可能な行動に対する予防線を張っておくということである。どちらも建築写真を真正の記録とみなすという目的に対しては同等に有効なのである。そのとき建築家は教育者さながらで、彼の撮る写真に目を凝らせば、建築家の敷いた法の網の目で真っ黒に映るだろう。しかし、歴史が示したこととといえば、建築家がいかに周到に包囲網を張ったところで使用者は必ずその網の目をすり抜ける、ということではなかったか。

記録という行為がかつての建築写真の姿だったとするならば、いまやその価値は下落しているといってよいだろう。現実の正確な写し絵だと思われていたものがとうに信じられなくなってしまったのである。かつての純白な建築の肖像は、いまやかりそめのイメージにこそ、その価値を見いださなくてはならない。それは、建築写真を一種の物語として見ることではなかろうか。「それは語り（ナラシオン）であって、記述ではない」。著者のミシェル・ド・セルトーは物語のことをそう表現した。物語を現実の記述とみなす読者はいない。「フィクション」「ノン・フィクション」にかかわらず、物語にはどこか現実から遊離した魅力がある。「そこで物語られるのは、さまざまな手口であって真理ではない」とも著者は述べている。真理より手口。今日の建築写真は、

「現実はこうある」というよりも「こういう現実もアリではないか」と語りかけているように思われる。そして読者による判断の余地が留保されている。

換言すれば、建築写真は「知る」べきものから「読む」べきものに変わったということである。この「読む」という日常的な行為には、著者によって「消費者の特徴ともいえる受動性のきわみ」以上の価値が与えられている。ミシェル・シャルルが「あらゆる読書はその対象を変える」と述べたのは、けっして言いすぎではない。テクストに向きあう読者というものは、通常それを思うままに読みかえたり誤読したりするものだが、そのとき彼は、テクスト生産のエコノミー（経済活動）のただなかにすでに巻きこまれているということができる。すなわち読むという行為は、「作者の「意図」であったものとは別のなにかを制作」する。あらゆるテクストは、作者の意図と読者の想像力のせめぎあいの場といえよう。今日における建築写真というのも、そういったものである。それが一種の物語であるというのは、その役割が現実の情報を提供することにではなく、読者の想像力を喚起することにあるのではないか、ということである。

沈黙の生産

コーリン・ロウは、ル・コルビュジエの建築にパラーディオを読む。建築家が真剣な面持ちで意図を表明したところで、読者はそれをやすやすとこえていく。建築家を意図の生産者に見立てるならば、こうした「生産者」とその「消費者」（読者）のあいだには、すでに述べたように生産者の意図とは別の隠れた「制作（ポイエティーク）」が潜んでいる。

一見すると、建築はテクストとは反対に使用者を拘束する。たとえば目先の建築物に対して「子供ならせめても落書きができる」のだが、良識のある使用者というのは空間の制約に従うものである。しかしそうだとしたら、それは建築を一種の制度としてとらえているのである。本書の用語で置きかえるなら、「戦略」のシステムということになる。著者の定義によると、建築家の戦略とは、使用者の行動を思いどおりに制御したいという欲動のことである。しかし、現実に起こっていることといえば、使用者による建築の「読み」かえなのではないか。ただし、それは通常まったく控えめな行動なので建築家の耳には届かないか、もしくは届いたとしても事後的な報告ばかりである。そういった読みかえは、言葉なき「沈黙の生産」といえよう。とある美術館で、いったい誰が監視員の前で順路をはずれるというのか。彼らの行儀が悪くなるのは、たいてい人の目につかないところである。おそらく今日も、陰では使用者がせっせと建築というシステムの横穴を開けているにちがいない。

かつてロラン・バルトは、深い嘆息を交えつつ「作者」はもう死んだといった。バルトの嫌悪の対象、それはテクストの読解に際して幅を利かせる作者(生産者)の意図という名の権力機構である。以後テクストは、読者の解釈に対し無限定に開かれたものになっていくはずだが、はたしてほんとうに「作者」は絶滅したのか。読書というものが、それまで看過されていたもうひとつの生産様式としてとらえることができるならば、従来的な大文字の作者の死は無数の小さな作者の誕生を代償にして執行されるのではないか。

バルトの夢想する読者は黙して語らないが、著者セルトーの観察する読者は機会をねらっては狡知をめぐらす。彼は本書において生産者と消費者の関係を「戦争論的」であると表現したが、それはマルクス的な意味においてである。彼の意図するところによれば、生産者と消費者の力関係がなくなることはけっしてない。「使用者には消費者という遠まわしな名があたえられていて、被支配者という位置（スタテュ）が覆い隠されてしまっている」。ただし「被支配者といっても、受動的とか従順とかいう意味ではないが」。このいくぶん両義的な消費者＝使用者のおこなっている実践の形式が、本書の主題である。それは戦略に対するもうひとつの戦争論的形式、すなわち先ほど述べた「沈黙の生産」に相当するもので、本書においては「戦術」という名が与えられている。もう一度繰り返すと、消費者の戦術とは生産のシステムに従いながら、それを読みかえる行為（フェール）、もしくはその技術（アール）のことである。

戦略と戦術の隔たりは、それらの遂行される「場所」の差異によって測ることも可能である。たとえば戦略は固有の領域を前提とする。なぜなら、制度が保たれるためには第一に「敵」とみなされる外部を確定し、そうした対象を「管理」もしくは「排除」する必要があるからである。一方で、戦術はそのような場所をもたない。戦術の存在条件は「他者の場」である。消費者が活動を始めるには、それに先立って生産システムが構築されなくてはならない。ふたたび読書について言及すれば、読者はそこにテクストがあるから、そしてそこにテクストがある場合にのみ、それを読みかえるという行為が可能になるのである。

「塀をコンクリートでかためること」は「建築家の欲動である」と著者はいった。それはかつての建築家には当てはまるかもしれないが、いまや古めかしく感じられる。学生の設計課題などがいい例だが、（使用者の欲望を最大化する）「自由な場をつくりたい」という言明はクリシェ化して久しい。使用者を拘束するような建築に対しては誰もがとまどいを覚えるようだ。それは当然であろう。大学の課題では使用者の顔が見えない。「決定不能」な使用者に対して、事細かにお膳立てしたところで虚しい思いが返ってくるだけである。彼らのあいだでアクチュアリティを発動しているのは、塀をかためる欲動というよりは塀を解体する欲動なのである。

フロイトの「死の欲動」にも比すべきこの「解体の欲動」は、なにも最近湧き起こった感情なのではない。たとえばＣＩＡＭ（近代建築国際会議）の崩壊を招いたチームＸが「建築や都市にたいする動態的視点」を導入したのは、磯崎新の言う「エスタブリッシュされた制度」から建築を解放しようとしたからである。建築家の頭にはつねに「ある時点でつくりだされた建築と、その後の社会的な状況の変化のあいだのギャップ」という悩みがあったのかもしれない。以来、解体の欲動は着々と建築の欲動を侵食し、最終的にアーキグラムの「最小インフラ化」にひとつの解決らしきものをみた。端的にいえば「建築はもはや語ることなかれ」というわけだが、ここには昨今の学生による「自由な場」と同等の精神構造を見いだすことができる。すなわち、決定不能な使用者に敬意を払うという名目で、じつのところ彼らを敬遠しているのである。

それは戦略の罠といえよう。なぜなら、建築というシステムの消費者たるその使用者には彼らの活動の場が必要だからだ。建築を解体するということは、使用者のための場所を奪うということである。実際、それは自由であるどころか、まったく不自由な建築である。いまや沈黙せしこれらの建築は、それ以前の建築と同じくらい使用者から遠い距離を保っている。ＣＩＡＭが「建築の欲動」によって使用者と離接したとするならば、アーキグラムは「解体の欲動」によって使用者との再‐離接を果たしたのだ。

ところで、ある支配的な文化の価値を転倒しようと試みる別の文化のことは「カウンター・カルチャー」と呼ばれている。「建築の欲動」に対抗するかたちで湧き起こった「解体の欲動」もまた、その名がふさわしい。彼らはたしかに「日常的実践の徴候をしめした」かもしれないが、使用者との関係性においては、それ以前の建築家と大差なかった。「建築の欲動」にも「解体の欲動」にも、使用者からの離反しかないとすれば、この建築的袋小路を抜けだすにはいったいどうしたらよいのか。それは使用者の活動を「決定不能なもの」とみるのをやめることである。そもそも「決定不能なものとみる」こと自体が、すでに決定論の範疇にあることには注意をしておきたい。それはいまだ戦略の身振りといえよう。

戦略によって構造化されるシステムは、一般に制度や真理と呼ばれている。戦略はもともと法的な概念である。しかし、誰もが認めるように、現代は真理の存在権が徐々に失効しつつある時代である。安直な真理に陥りたくないのであれば、建築家は意図を押しつけるでもなければ沈黙するでもなく、使用者に向かって語りかけるしかない。ここで話は一周する。「語り」とは何か。それは使用者を生産のエコノミーに巻きこむことである。ただしそれは、両者の間に共通のルール（システム）を築くことではない。むしろルールを築きつつも、それをたがいに読みかえていく（誤読する）実践のことなのである。

物語の建築

建築写真を物語として見ることができたように、建築もまたこの美しい名で呼ばれてもいいだろう。「物語の建築」とは、決定不能のニヒリズムに堕することなく、建築的語りという実践を遂行する場、その遍歴、もしくはその所産のことであろう。そこで営まれる語りとは、発話がなされたかと思えばすぐさま読みかえがなされるような、決断と越境の絶え間ない実践であろう。

一般的に言って、生産者と消費者のあいだで交わされるエコノミーには次のような非対称な関係が認められる。それは、「生産者に見えていないものが消費者には見えている」ということである。すでに指摘したように、消費者の制作活動は生産者の目の届かないところでおこなわれる。なぜなら生産システムというものは、違反行為を取り締まる（消費者が制作をおこなうのは違反である）ことによってそれ固有の領域を維持しようとするものだからである。とはいえ、システムの管理というのは、その法を都合よく読みかえるような消費者の活動までとらえることはできない。彼らはこうして、著者の言葉を借りれば、システムの盲点を「密猟」するのである。語りを続ける建築家はこの「消費者（使用者）にしか見えないもの」をねらっている。使用者を生産活動に巻きこみ、共犯関係を結ぶことによって、さもなければ起こりえない発見と、そこから得られる創造性に賭けるのである。

こうした新たな共犯関係は、建築家という職能の凋落を意味しているのだろうか。いや、そうではない。建築家の職能が従来の「法的」なものから「経済的」なものへ転換したということである。いまや建築家も使用者も、生産のエコノミーの一員という点では同等の資格をもっている。しかし、もしそうだとするならば、なぜぼくらはいまだに専門教育を必要としているのか。過去であったら、その目的は「教化するために」ということになるのだが、現在それは「他者たるゆえに」ということになるだろう。というのも、建築家と使用者はたがいの他者性のうちに「思考」のきっかけを見つけるのである。「理性の不調や破綻は、理性の盲点だが、まさにこの盲点をとおして理性はもうひとつの次元に、すなわち思考という次元に到達する」。かつての建築家は「理性」に建築の完成をみたかもしれない。しかし現代の建築家は「理性の盲点」に建築の契機をみる。たとえば建築写真というものは本質的に完璧ではありえない。しかし、だからこそ思考の材料になるのである。建築の場合も同様である。建築家と使用者のあいだで紡がれる物語は、そもそも調和に満ちたものであるはずがない。しかしだからといって、発話を恐れてはならない。というのも、著者に言わせれば、それこそがまさに「創造的な行為」だからである。「たしかに物語は筋を「描く」にはちがいない。だが、「およそ筋を描くということはなにかを固定すること以上のことであり」、「文化創造的な行為」なのである」

技術の起源へむかって

難波和彦

『日常的実践のポイエティーク』はフランス本国では一九八〇年に、日本語訳は一九八七年に出版されている。ぼくは今回、はじめて読んだのだが、いくつかの点で一九八〇年代という時代性を強く感じると同時に、現代にも通じるテーマである点に共感を抱いた。以下では、本書で提示された視点の可能性について、LATs（Library for Architectural Theories）の問題意識に関連づけながら検討してみたい。

ART DE FAIRE　行為の技術

LATsの目的は、モダニズムの建築・都市理論を、設計論や創作論としてだけでなく、社会的、歴史的なコンテクストに結びつけ、再検討することによって、その射程距離を拡大することにある。平たくいえば、「つくる」ことだけでなく「使う」ことも視野に入れた新しい建築・都市理論を構築することである。このようなスタンスは、「日常性」「複雑性」「具体性」「歴史性」「無名性」「無意識」といった、ＬＡＴｓの一連のキーワードに明示されている。

ＬＡＴｓの初回に『日常的実践のポイエティーク』をとりあげたのは、ＬＡＴｓがめざす方向性について、もっとも広い視野をもたらしてくれると考えたからである。本書の主題は、日常生活のなかでおこなわれているさまざまな活動を、一種の創造行為としてとらえる総合的な視点を提示することである。たとえば「生産」された製品を使うことは、通常は「消費」だと考えられているが、本書では製品の使用は制作者の意図をこえた一種の創造行為とみなされている。あるいは通常、読書とは本の内容つまり著者がその本に込めた意味を理解することだと考えられているが、本書では本を読みとくことは、作者の意図をこえる創造行為だとみなされている。このような視点から「読むこと」の創造性を作者の意図さえも決定不能な地点にまで推し進めたジャック・デリダの「デコンストラクション」まではほんの一歩だといってよい。さらには日常会話、買物、料理、散歩といった日常的な行為でさえも、本書では一種の創造行為とみなされている。要するに著者のミシェル・ド・セルトーは、生産と消費、製作と使用、作家と享受者（読者）といった、これまでのような一方向的な図式を解体し、両者を同じ土俵の上に載せてひとつながりの行為としてとらえ、最終的には、両者の比重を逆転させようとしているのである。本書の原題である「ART DE FAIRE」（直訳すれば「行為の技術」）には、そのようなニュアンスが込められている。

建築は、建築家が構想した芸術作品であると同時に、人びとに使用される実用的な存在でもある。前者を建築のアート性、後者をデザイン性と呼ぶことができるだろう。通常の工業製品の設計を

「工業デザイン」と呼ぶのは、美的な側面よりも実用的な側面の比重が高いからである。逆に絵画や彫刻のような伝統的な芸術作品はアートであり、デザインとは呼ばれない。とすれば、アートとデザインという呼び分けにも上記のような二項対立を読みとることができる。これを本書のコンテクストに引き寄せれば、「日常的実践のポイエティーク」とは、これまでアートとみなされていたものを、デザインとしてとらえなおすことといってもよいだろう。だとするなら、アート性とデザイン性が混淆する建築は、本書のテーマにもっともふさわしいジャンルである。セルトーにならえば「設計すること」「建設すること」だけでなく、「住むこと」も一種の創造行為なのである。この問題は、ＬＡＴｓ第四回でとりあげる『生きられた家』においても検討されるだろう。

他者の歴史　署名性から匿名性へ

一九六〇年代に勃発し、一九七〇年代に世界中に拡大したポストモダニズム運動は、明らかに本書のテーマにも通底している。建築のポストモダニズムにはいくつかの側面があった。まず、モダニズムが排斥した歴史的様式の再評価を通じて、機能性から自律した建築の記号性を明らかにした。次に、一九六〇年代のポップアートの勃興と連動して建築をエリート的な存在から大衆的な存在へと転換させた。さらには建築を社会的・経済的な存在としてとらえ、都市空間のなかに位置づけた。そしてこれらの背景には、社会に対して啓蒙的な役割を果たすモダニズムの建築家から、大衆の要求を建築に翻訳する役割としてのポストモダニズムの建築家へという建築家の社会的な役割に関する意識変革があった。このような多様な転換はいずれも建築を使用し、そこで生活する人びとの視点から建築のあり方を見直すことだったといってよいだろう。

一九六〇年代以降のクリストファー・アレグザンダーの仕事は、そのような歴史的コンテクストに置いてみると、よく理解できる。彼は一九三六年にウィーンに生まれ、英国のケンブリッジ大学で数学を学んだ後、渡米してハーバード大学で建築を学んだ。そこで博士論文『形の合成に関するノート』（一九六四年）や「都市はツリーではない」（一九六五年）をまとめた後、カリフォルニア大学バークレー校に移り、「環境構造センター」を開設する。この名称には、一九六〇年代の構造主義思想の影響を読みとることができる。言語学（フェルディナン・ド・ソシュールやノーム・チョムスキー）や文化人類学（クロード・レヴィ＝ストロース）から生まれた構造主義は、人間の活動の底に普遍的・不変的な「法則＝構造」を見いだそうとする思想である。同じように「パタン・ランゲージ」も、生活空間のなかに不変的な構造を見いだすことを目的として発見・開発された形態言語である。パタン・ランゲージがめざしているのは、建築家によって設計されるような署名作品ではなく、一般の人びとの参加によるアノニマス（匿名的）な建築である。セルトーの専門である歴史学においても、それまでの権力者と事件の連鎖としての歴史ではなく、民衆の歴史（セルトーは他者の歴史と言う）への視点移動が生じている。たとえば二十世紀になって登場した歴史研究の新しい潮流であるアナール学派（École des Annales）は、それまでの実証主義的な史料解釈中心の歴史学に対し、歴史の構造分析を重視する社会史を提唱した。本書が、そのようなコンテクストのなかから生みだされたことは言うまでもない。

後に本書でもとりあげるジェイン・ジェイコブズの『アメリカ大都市の死と生』も、同じような歴史的コンテクストから生みだされている。ジェイコブズは都市に住む生活者の視点から、住みやすい都市空間の特性を明らかにし、モダニズムのトップダウン的な都市計画がもたらす問題点を指摘することによって、ボトムアップ的なプロセスによる新しい街づくりの方法を提案している。その詳細については後に報告しよう。さらに同じような視点は一九六四年にバーナード・ルドフスキーがＭｏＭＡ（ニューヨーク近代美術館）で開催した「建築家なしの建築 Architecture Without Architects」展にもみることができる。ルドフスキーは、建築家が関わっていないからこそ多様性と統一性を備えた建築が生成されると主張した。「建築家なしの建築」も本書でとりあげる予定である。ジェイコブズとルドフスキーの思想は、新自由主義経済がもたらした民間資本によるボトムアップ的な現代の都市開発の時代においてふたたび見直されているのである。

発見としてのデザイン　計画の新たな様相

『日常的実践のポイエティーク』が翻訳出版された一九八〇年代後半は、日本はバブル経済の全盛期だった。世界的にみると、戦後のケインズ的な公共事業中心の経済からハイエクやフリードマンが唱える新自由主義経済への転換が本格化し、西欧諸国の経済は大きく飛躍しはじめた時代である。この時期ソビエト連邦では、ミハイル・ゴルバチョフが西欧諸国の経済成長に追いつくためにペレストロイカ（改革）とグラスノスチ（情報公開）を断行し、国家体制と経済の建て直しに奔走していた。しかし彼の努力は報われることなく、最終的に一九八九年のベルリンの壁の崩壊と一九九一年のソビエト連邦解体へと帰着した。これはモダニズムにおける「計画」の概念を大きく転換させる歴史的事件だった。この事件によって、国家・社会・経済を計画することの不可能性が決定的な形で証明されたからである。

この時代に、ポストモダニズムは新しい様相を見せはじめる。日本においては、バブル経済の影響もあって都市生活の遊戯的な側面にスポットが当てられるようになり、ファッションや広告、漫画などのサブカルチャーがアート化する。ぼくにとってこの時代でもっとも印象に残っているのは「路上観察学」である。これは街を歩きながら、モダニズムの時代につくられた事物が当初の目的や機能を失って無用の長物と化して残存している「物件」を探しだし、「超芸術トマソン」と名づけて収集する活動である。ほとんど「遊戯」といってもよい無意味な活動なのだが、「形態は機能に従う」というモダニズム機能主義のテーゼに対する痛烈な批評であっただけでなく、かすかに残っている機能を読みとることができる繊細な眼が「発見としてのデザイン」の可能性を示していた点に、記号学的な「詩学」を感じた記憶がある。いまから思えば、路上観察学は明らかに「日常的実践のポイエティーク」そのものだった。

技術の拡大　生産・交換・消費の融解

生産と消費という区別は、マルクス主義的な視点から生みだされた。そこではまず生産が先行し、しかる後に消費がそれに追従する。生産は何物かを生みだし、消費はそれを消失させる。本書においてセルトーは、このような区別に異議を唱える。ポストモダニズムの提唱者のひとり、ジャン・ボードリアールは『消費社会の神話と構造』（一九七〇年）において消費という行為の神話性と記号的構造を明らかにした。さらに『生産の鏡』（一九七三年）において長いあいだ「生産」という視点の優位性に囚われてきた現代思想を批判した。セルトーの本書は明らかにその延長上にある。ここから、生産と消費、制作と使用はひとつながりの生態学的なシステムであることが明らかになった。消費や使用が創造行為であるならば、そこにも創造の技術（アート）があるはずである。かくして技術の意味も転換する。通常、技術とは「制作」の領域に限定されているが、本書において「使用の技術」へと適用範囲が拡大される。

二十年前に提示された以上のような視点の転換は、現在どのような意味をもっているだろうか。一九九〇年代の社会主義諸国の解体によって冷戦が終結し、世界中が資本主義化された。資本という言葉には依然として生産を優位にみる視点が付着している。しかし、実際に資本主義経済を駆動しているのは、商品の生産であると同時に、その交換と消費である。近来のインターネットの進展は交換と消費の領域を急速に拡大させ、世界的な金融資本主義を生みだした。このような生産、交換、消費の融解現象が本書の主張の延長線上にあることは明らかである。

ＬＡＴｓの目的は、生産、交換、消費の差異が融解した時代において、新たなクリエーションの可能性を多角的に探索することである。『日常的実践のポイエティーク』は、そのための可能性のリストを提示していると思う。

＊　書名後の括弧内はすべて原著書の発行年。

レム・コールハース
『S, M, L, XL +』を読む

「＋20年」の推測から確信へ

小林恵吾

一九九五年、建築家のあいだでのちにバイブルと呼ばれる本が出版された。レム・コールハースによる『S, M, L, XL』だ。いくつかの論考とアンビルドも含め多数の作品を収めたこの本は、その説得力で新たな旋風をもたらし、世界中の建築家に大きな影響を与えた。ポストモダンも葬られ、ディコンストラクティビズムのプロパガンダも底の浅さを露呈していたころだった。その年は日本ではちょうど阪神淡路大震災やオウムサリン事件が連続して起きた衝撃的な年である。建築家の社会における立脚点や都市のゆくえ、建築のあり方について建築家自身が疑念をもちはじめていた最中、突然のこの高さ二四〇ミリ、幅一八〇ミリ、奥行七〇ミリ、総ページ一三七六ページ、重量二・七キロの銀色に輝くマッシブな書物の出現に、当時の建築家の多くはまるで救いを求めるかのように競ってこの本を購入した。その初版から二十年という月日を経て『S, M, L, XL』の日本語翻訳版『S, M, L, XL ＋』が出版された（ちくま学芸文庫、二〇一五年）。これまでオリジナル版は公式／

非公式を合わせて第四刷まで出版されているが、コールハースお墨つきの公式翻訳版は世界でもこの『S, M, L, XL ＋』がはじめてではないだろうか。これは長年にわたってコールハースとともに数々のプロジェクトに携わり、彼から絶大な信頼を得ている太田佳代子氏[1]がその翻訳を手がけたからこそなしえた快挙である。コールハース独特の畳みかける論調や、幾重にも織りこまれる比喩的表現など、その巧みな言葉の選び方によって展開される高度な文章が、ここではみごとなまでに忠実かつ正確に日本語に置き換えられている。

私は二〇〇五年からの七年間、コールハース率いるOMAのロッテルダム事務所[2]に就職し、複数のプロジェクトに携わった。コールハースとは幾度となく議論を交わしてきたが、それはもっぱらプロジェクトについてであり、彼の論考や著書についてはあまり話を聞いていない。いや、彼があまり語ろうとしないといったほうが正しいのかもしれない。オリジナル版については、すでにこれまで大勢の方々によってあらゆる批評や分析がなされてきているが、ここではOMAでの経験をふまえた私なりの視点から読みといてみようと思う。とくにコールハースの論考がどのようなプロセスで形成され、またそれら論考と具体的な建築プロジェクトとのあいだに——オリジナル版と翻訳版への変更の背景を考えながら——何かしらの関連性を見つけだせないか探ってみた。

何が「＋」されたのか

西洋のバイブルから日本の文庫本に変化をとげたこの『S, M, L, XL ＋』は、いくつかの新たな論考やエッセイが加えられている。また、かつて『S, M, L, XL』を『S, M, L, XL』たらしめた建築や都市をサイズによって分類した目次構成は再編され、作品などを含めた膨大な量の図版はほぼすべて取り除かれている。その内部構成は「問題定義」「ストーリー」「都市」「カデンツァ」とより明快な章に再編されている。これはターゲット読者像がいわゆる建築界の「信者」たちから一般へと解放されたことを意識してのことだろうか。かつて『錯乱のニューヨーク』[3]の翻訳版（鈴木圭介訳、筑摩書房、一九九五年）が文庫本として再登場したときと同様に、本著もまた新聞の書評や大手書店の平積みを介し、コールハースの論じる「シティ」に帰属する主体たちのもとにようやくたどりついたといえるだろう。コールハースは以前から文庫本のサイズと形式と訴求力を好んでいた。日本独特なメディアの波及力を熟知しているコールハースならではの意図が今回の再編作業の背景に感じられる。また、図版を極端に削ぎ落とすことによって、本著をはじめて読む人にとっては、そこで語られる「シティ」をおのずと日本の都市になぞらえて想像することを喚起し、結果として翻訳という枠をこえた効果を生みだしている点も、この翻訳版の優れた点である。

内容の差異も検討してみたい。オリジナル版に含まれていた論考が、コールハースが建築と出会って間もない七〇年代前半からOMAが軌道に乗りだした九五年までの約二十年間のものとすると、そこから現在までの二十年を新たに対象に含んだ本著は、計四十年におよぶ彼の建築人生そのものの思考が収まっていることになる。全二十六章のうち本著で新たに加わったものが十章で、そのうち二章が「問題定義」、一章が「ストーリー」、六章が「都市」、一章が「カデンツァ」に割りふられている。新たに加えられた文章は必ずしも九五年以降に書かれたものだけではないが、その半数以上が「都市」の章に収められていることからも、建築作品と文章が並列されていたオリジナル版に比べて本著は全体としてより都市的な視点に傾倒している印象を受ける。そのなかには東京に言及しているものも新たに二編加わっているが、私がまず注目するのは「ベルリン——建築家のノート」である。

このエッセイは、コールハースの建築人生のもっとも初期である七〇年代の話であり、彼のウンガースとのいくつかの出会いを語っている非常に短い文章だ。しかしその本質は、彼の都市と建築に対するその後のスタンスを形づける重要な瞬間をとらえているといえる。そこでは、彼がウンガースの当時のベルリンへ向けるフラットなまなざしに大きな驚きと感銘を受けていることが明かされている。「当時として決定的に異例だったのは、贖罪の念もしくは戦争への言及がいっさいなかったことだ。〔…〕この都市を、そのぞっとするような歴史的証拠も含めて、ただただありのままに受け止めていた」（一九五ページ）と。オリジナル版でも、コールハースとウンガースやベルリンとの出会いは「無を思い描く」や「実地調査の旅」でも語られていたが、そこでの内容はおもにベルリンの壁の発見やヴォイドの戦略(4)へとつながるきっかけとして語られているが、本文章で明かされている都市に対するまなざしの発見については、これまであまり言及されてこなかったと思う。

「都市」と「問題定義」

コールハースはのちに「二十世紀の恐ろしき美」という別の文章のなかで、このウンガース的都市へのアプローチを自分自身の確立された方法論として語っている。

「この仕事に方法があるとするなら、それは系統立てて理想化するという方法である。すなわち、すでに存在するものを系統立てて過大評価する。きわめて凡庸な事柄にまで遡及的なコンセプトとイデオロギーを詰め込み、推測による仮説を立てまくる」（二一一ページ）「いかに退屈であろうと、それぞれの現場の実際の状況を徹底して冷静に調査し、客観的に捉えた現場の可能性を熟慮の上で活用するという行為である。加えて、大胆不敵とも言える…単純さに、気まぐれに固執すること」（二一二ページ）

コールハースにとって以上のような都市を客観的にとらえる方法は、その「きわめて凡庸な事柄」にでさえ執拗にその背景に潜む状況や仕組みを暴きだそうとする姿勢であり、つねに推測的仮説を生みだすきっかけとなっている。そしてさらにその仮説がアクチュアルな問題定義へと展開する。本著ではこの「都市」と「問題定義」の関係性が、オリジナル版の出版から新たに二十年という月日を経たことで、よりいっそう顕著に浮かびあがっている。彼があらゆる「都市」へ訪れた時期と「問題定義」の論考が発表された時期を時系列上に並べてみると、それらはほぼ交互に位置し、フィードバック的な関係にあることがわかる。つまり彼は、ある都市の状況から仮説としての問題定義を導きだしたうえで、それをみずからに課した課題としてとらえ、その答えとなりうる状況をつねに別の都市のなかに見いだそうとしている。ニューヨークで発見した「基準階平面」や「まさかの林檎」はアトランタとポートマン・パラドクスを経由して「ビッグネス」という仮説へと続き、東京やシンガポールを経由して「ジェネリック・シティ」へとつながる。二〇〇〇年以降、彼が頻繁に訪れている「最前線」のドバイは「ジェネリック・シティ」を推測から確信へと誘い、そこで出会ったサスティナビリティは新たに「スマートな景観」という仮説を生みだしている。

「この「サステイナビリティ」こそは、都市生活の真新しいモデルにラディカルな変化と修正を課す支配体制となるだろう」(「最前線」、二五四ページ)「フランス革命の「自由、平等、友愛」の代わりにいま世界で採用されている新しい三原則は、快適性、安全性、サステイナビリティだ」(「スマートな景観」、一〇四ページ)

ヨーロッパから始まりアメリカ、アジアから中東へと西廻りに展開してきたコールハースの西遊記は、もうじき地球を一周するところへ差しかかっている。おそらく、彼が次にそのまなざしを向けようとしている都市は、「スマート・シティ」における「原因と結果がえんえんと無駄に繰り返されるだけの場所」(一〇五ページ)がいつの間にかすでに実現している場所であるかもしれないし、もしくは、その一見絶望的な状況のなかでも何か新たな可能性の発見につながるような、ドバイよりさらに西寄りの場所、アフリカの都市(?)またはヨーロッパの田舎(?)なのかもしれない。

「パラドクス」を建築する

ここでもう一度、話を「ベルリン――建築家のノート」に戻すことにする。そこでコールハースは、都市との向きあい方の発見のほかに、現代都市に対するふたつの建築的介入の手段ともいうべき方法と出会っている。ひとつはウンガースの講義録から発見したものである。それは「歴史の重みに抵抗する」ことによって、逆に歴史と現代建築との結びつきを確信し、巨大建築物を介して未来都市の可能性を模索する方法であり、もうひとつはウンガース指導のセミナーで発見した「美学的、政治的、社会的な価値判断をありのままに率直に行い、「都市の衰退をデザインする」」(一九九ページ）という方法だ。

前者は、コンテクストからの離脱をその巨大なサイズにより獲得するという「ビッグネス」や「ジェネリック・シティ」へと通じる思考や、歴史を現代建築によって保存しつつ更新するといった「クロノカオス」での思考をすでに彷彿とさせており、後者は、コンテクストの欠如による自由の獲得という彼を語るうえであまりに有名な「ヴォイドの戦略」の思考と直接つながっている。このたがいがたがいを「帳消し」にするようなふたつの方法は、その後彼のなかで別な次元をもちはじめる。「まさかの林檎」のなかで彼は、「フランス新国立図書館」や「ZKM」プロジェクトが「ビッグネス」を体現するための試みであったことを述べているが（六八ページ）、「フランス新国立図書館」ほど明快にヴォイドの戦略を建築化したプロジェクトは他にない。つまりそれは、巨大化しながら同時に空洞化している、というように先に述べたふたつの矛盾する方法を、その矛盾を保持したまま建築という答えのなかで共存させることをしている。これはこのプロジェクトにかぎっていえることではなく、彼のいくつもの建築においても繰り返しおこなわれている手法だ。ごく最近のモスクワに完成した現代美術ガレージセンター（二〇一五年）でも、旧ソ連時代の大きな廃墟をそのまま新しいファサードで囲いこむことで、空洞を建築化することで歴史を更新するといった高度な解決策を提示している。

高度な解決には高度な問題が要求される。コールハースはこの高度な問題を「パラドクス」と呼んでいる。本著の「問題定義」を読みといていくと、そのほぼすべてにおいて「パラドクス」という単語が登場するか、もしくはパラドクシカルな状況が論じられている。それらはあらゆる状況の本質を見抜くうえでコールハースが頻繁に用いる表現であり、同時に建築するうえでの必要条件ともいうべきものであるように思う。

「都市化が何十年ものあいだあらゆる場所で加速を続け、都市的状態の決定的、全世界的「勝利」を打ち立てようとしているまさにそのとき、都市計画という職業自体が消えてなくなったというパラドクスを、どう説明したらいいだろう？」（「都市計画に何があったのか」、四三ページ）

「ビッグネスのパラドクスとは、計算して計画しているにもかかわらず——いや、その硬直性ゆえに——予想不可能なことをエンジニアリングできる唯一無二の建築である、ということだ」（「ビッグネス、または大きいことの問題」、五九ページ）

「かつては田園の特権だった詩的でランダムな光景が都市の専売特許になる、というパラドクスも生まれるに違いない」（「スマートな景観」、一〇三ページ）

コールハース率いるＯＭＡ作品の魅力は、その一見不細工もしくは不可解な形態が、その解説によりにわかにそうでしかありえないと思えるものに飛躍する瞬間だと思う。単純明解でありながら、なぜそこにこれまで誰も行きつかなかったのか、と思わせられる。それは実際設計している現場でもしばしば起きる。彼はめったに自分の思考を理由に設計の指示を出さないし、また所員による本著にある論考を理由としたような提案の説明はいっさい受けつけない。それでいてプロジェクトは着実にある方向に向けて加速していき、プレゼンに向かう飛行機のなか、もしくはプレゼン三十分前のホテルのロビーにて、それはにわかにコールハースの解説によって命を吹きこまれる。コンペの場合、それは提出する冊子やパネルに彼が短い文章を添える瞬間に訪れる。

その解説のほとんどは、そこに潜むパラドクスの提示とその唯一の解決法、もしくは回避の手段を示す。つまり、設計の半分はすでにこのパラドクスを発見した時点で完了している、といった感覚に近いのかもしれない。そこでの設計プロセスというのは、一方であらゆる諸条件をふまえ、半ば手探り状態で解答にむけて前進していく所員によるひとつの流れと、パラドクスの発見という解答から彼がそれをひもといていくという逆行する流れ（考古学的、ソングラインの発見[5]）とが同時進行的におこなわれているといえるのかもしれない。それはたんなるpost-rationalizeでもなければ純粋な設計プロセスとも異なる。しかし、彼がはじめからつねに逆走しているというわけではない。通常ほとんどのプロジェクトにおいて、かなりの時間をそのリサーチにかけているのだが、彼はその行程のどこかで、同じ方向に進んでいた流れから突如として逆走を始める。その瞬間は所員にはわからないが、その逆行する二方向がある時点でショートサーキット（短絡）を起こした瞬間、提案が形となって急に浮かびあがってくる。所内ではいつもそんな感じで作業が進んでいく。

原本『S, M, L, XL』の発売から二十年という時間を経たいま、あらためて本著を読み返してみると、彼の圧倒的一貫性に驚かされる。それは九五年の時点ではまだその半分が予告にしかすぎなかったのに対し、本著『S, M, L, XL ＋』では新たに加えられた論考によって強化された彼の寸分のブレもない姿勢が見えてくる。彼がときとして誤解されるのは、パラドクスに対する解答の差異に起因する場合が多いが、彼自身にとっての一貫性とはそのパラドクスを見定める視点のなかにあり、またそれに身を任せるのか背くのかという決断を下すための、七〇年代以来一貫してもちつづけている独自の物差しと方法のなかにあると私は考えている。

注

（1）キュレーター、編集者。二〇〇三年から二〇一二年までの十年間、コールハース率いるオランダの建築設計組織OMAのシンクタンクAMOで展覧会の企画運営や書籍編集に携わる。

（2）OMA（Office for Metropolitan Architecture）はレム・コールハースによって一九七五年に創設された建築設計事務所で、現在オランダ・ロッテルダムのほかニューヨーク、香港、北京、およびドバイにその事務所を構える。

（3）『錯乱のニューヨーク（*Delirious New York*）』は一九七八年に出版されたコールハースによる最初の著書であり、二十世紀初頭のニューヨークのゴーストライターという立場から、マンハッタン成立の過程や資本主義経済下の都市的現象をあらわにしている。「マンハッタニズム」や「ロボトミー」といったキーワードを生みだし、本著の「ビッグネス」や「基準階平面」といった論考へとつながる概念を打ちだしている。

（4）なにかを足すのではなく取り除くことによってなしうるという、コールハースが都市や建築に繰り返し適用している概念。「ジェネリック」な地に対しての「ヴォイド」という図という関係で語られることが多い。

（5）「ソングライン」訳注（1）、三一九ページ。

＊ 本論を書くにあたり、建築史家の中谷礼仁氏から文章表現上の提案をいただいた。あらためて謝意を示したい。

プログラム－調査－理論化－デザインの連鎖
『錯乱のニューヨーク』から『S, M, L, XL ＋』まで

難波和彦

『錯乱のニューヨーク（*Delirious New York: A Retroactive Manifesto for Manhattan*）』（レム・コールハース著、鈴木圭介訳、筑摩書房）の初版が出たのは一九七八年である。日本語訳は一九九四年の再版を底本として一九九五年に出版され、一九九九年に文庫化され版を重ねている。コールハースにとって本書は建築家としての原点となった著作であると同時に、建築界にとっても歴史的な著作であることは間違いない。

ニューヨークという理念不在の都市の歴史を調査し理論化するために、コールハースはニューヨークのゴーストライターになることを決意する。一九七〇年代初期のことである。彼はマンハッタンで起きた数々の建築的事件を遡及的に読みといていく。それはヨーロッパのモダニズムとは異なるもうひとつのモダニズムの物語である。ヨーロッパ発のモダニズム建築家たちにとって都市計画とは交通、密度、衛生といった要素を制御することだった。しかしコールハースがマンハッタンに

見いだしたのは人間の欲望とテクノロジーが無限に蓄積し過密化していく自律的な成長過程である。コールハースはそれをマンハッタニズムと名づけ、ヨーロッパのモダニズム運動の対極的な潮流として提示した。その事例としてコールハースはサルバトール・ダリとル・コルビュジエというふたりのヨーロッパ人が一九三〇年代末の同時期にニューヨークを訪れたことに注目している。ふたりは自己の理論をマンハッタニズムにもちこもうとする。しかしダリはマンハッタンがすでにシュルレアリスムを体現し、彼が提唱する偏執症的批判的方法（Paranoid Critical Method）が実践されていることを発見する。一方、ル・コルビュジエは「輝く都市」をニューヨークに適用しようと試みるが、マンハッタニズムにあっさりと拒否されてしまう。本書ではヨーロッパのふたりとは対照的に、マンハッタニズムの一部であるマイナーな建築群に焦点が当てられている。一般の近代建築史からは完全に抜け落ちているウォルドーフ・アストリア・ホテルやダウンタウン・アスレチック・クラブがマンハッタニズムの理論構築の足がかりとなり、コールハースが「天才なき傑作」と呼ぶロックフェラー・センターは最大限の過密、プログラムの混交、建築内外の分裂、擬似的世界を内包したマンハッタニズムの頂点を形成している。モダニズム本来のイデオロギーであるアノニマス性すなわち無署名性がニューヨークを生みだしていることが隠されたテーマである。本書の最後に収められているのは「虚構としての結論」という名の一連のプロジェクトである。コールハースはニューヨークが生成したマンハッタニズムを意識化し方法化して一連のプロジェクトへと収斂させている。無署名性がいずれは署名性に反転することをコールハースが意識していたかどうかは定かではない。

ぼくは阪神大震災があった一九九五年に本書の新版を読み、一九七〇年大阪万博以降の日本の建築家たちの都市からの逃避が終焉したことを実感し、新しい都市論の誕生に衝撃を受けた。大学で教鞭をとるようになってからは、本書を都市論と建築論の最重要文献として学生たちとの読書会にもとりあげた。以下に紹介するのは建築学会の機関誌「建築雑誌」に受けた読書会に関するインタビューの記録である。「読書会バトル」とは建築デザインコースと建築史コースの学生のあいだでおこなった書評競争のような研究会である。

『錯乱のニューヨーク』をめぐる読書会バトル――

「南泰裕（M）：読書会バトルのきっかけは何だったんですか？

難波和彦（N）：学生たちに歴史的な視点を持ってデザインを語るようになってほしいというのが第一の目的です。さらに僕たちの世代は七〇年代には都市から一旦離れたので、都市への視点を取り戻すきっかけにしたいという気持ちもありました。

M：私も『錯乱のニューヨーク』が出たときは非常に衝撃的でした。

N：コールハースを知るまでは僕はC・アレグザンダーとB・フラーに興味を持っていました。しかしこの二人には都市的な視点が欠けています。日本の建築家は大阪万博後の一九七〇年代には都市の問題から逃避し、八〇年代の都市に関しては表層の都市現象だけに注目しました。バブル時代の記号的な都市論です。それを一気に吹き飛ばしたのが『錯乱のニューヨーク』でした。本書を読んで僕たちの世代が初めて建築と都市を結びつける回路を見出したと確信しました。

この読書会で、ある学生が興味深い事実を指摘しました。コールハースはマンハッタニズムの特性として四つのコンセプト「過密」「グリッド」「建築的ロボトミー」「垂直分裂」を抽出していますが、後の建築作品ではこれらのコンセプトを乗り越えようとしているという点です。改めて彼の作品を見直すと確かにそのとおりになっている。彼はこの本を書くことで自分のデザインのテーマを明確に意識化したのではないでしょうか。もう一つは本書は明らかにル・コルビュジエの『伽藍が白かったとき』を意識して書かれている点です。コールハースはポストモダンなル・コルビュジエだといってもいい。彼がユーラリールの計画について喋りながらスケッチを描いているビデオを見るとル・コルビュジエとの類似点がよく分かります」

「虚構としての結論」としての計画案をめぐって——

「N：読書会の議論の中で私が『錯乱のニューヨーク』は最終章「虚構としての結論」で具体的な設計を示している点がいいと主張したら、都市史の伊藤毅先生は最終章さえなければいい論文だと反対の主張をされました。歴史とフィクションが混交していることへの批判です。デザイナーと歴史家との視点の違いですね。私としてはデザイン研の学生には研究論文の結論をデザインの提案として示すように指導しています。

M：最終章は計画案なのかフィクションなのか、微妙なところを突いていますね。

N：もちろんフィクションでしょうが、こういった研究論文はフィクショナルな仮説がないと書けないでしょう。仮説が先行しなければ何も始まらない。六〇年代に科学や思想の世界でパラダイム論やエピステーメー論が一世を風靡しましたが、コールハースはその知見をちゃんと踏まえている。

『錯乱のニューヨーク』の序章でミニチュアのニューヨーク論を仮説として示し、それを本論としての都市論へと拡大して検証し結論をプロジェクトとして提案する。グリッドをベネチアの運河に関係づけたことは、後に磯崎さんが提唱したアーキペラーゴ（群島）論を思わせます。さらにコールハースの方法の根底にはダリ的ＰＣＭ（偏執症的批判的方法）があります。ＰＣＭはメタファーの論理だから通常の論理で辿るのは不可能です。それがこの本の最大の魅力だと思います」

建築計画と建築デザイン――

「Ｍ：建築計画と建築デザインでは、後者の方が可能性を持っているように見えます。

Ｎ：でも現代はむしろ建築計画がもっとも重要な時代だと思います。建築計画学は仮説を立てて検証するという意味での科学です。その結果を踏まえて建築化・空間化するのが建築デザインです。現在はプログラムから建築にアプローチをする建築家が多い。本来プログラム論は建築計画学の守備範囲ですが、両者を引き離すことはできないのです。

Ｍ：今は、ある先鋭的な一部の人たちだけが引っ張っているように見えます。

Ｎ：山本理顕さんや古谷誠章さんの仕事がそうですね。彼らもビルディングタイプ別に専門分化した計画学をシャッフルしないとダメだと言っている。学校、病院、図書館といったタイプ別の計画学も必要ですが、今後は都市建築として統合化・複合化されていくから、縦割りの研究だけでは通用しない。しかも相変わらず調査主義研究が横行している。建築計画学は未だにミシェル・フーコーやトーマス・クーンのパラダイム論を学んでいない。僕の師匠である池辺陽はそうした視点から常々建築計画学を批判していました。都市工学科の創始者である高山英華は、都市計画学と都市デザインの乖離を嘆いていました。都市計画学は科学として進展したけど、それが都市デザインとして眼に見える形で提示されていないことが都市工学を先細りにしていると主張していた。丹下健三のように具体的なデザインとして見せないと都市工学は成立しないのです。建築計画学も同じです。昨年（二〇〇七年三月）、本学の建築学専攻を退職した長澤泰さんは「建築地理学」を提唱されていますがこれもひとつの突破口かもしれません」

スーパーフラット以降の建築理論

「M：建築理論をめぐる今後の可能性については、どう思われますか。

N：建築家としては、社会に関する提案というか理論がないとダメだと思います。柄谷行人は『隠喩としての建築』の後記で九〇年代以降グローバル化した資本主義にシニカルに乗じたコールハースだけが一人勝ちしたといっています。彼に対抗して柄谷が持ち出しているのはバウハウスです。柄谷はバウハウスのデザイン運動は社会主義的なアソシエイショニズムに根ざしていたが、現代の建築家にはそのような社会的ヴィジョンが欠落していると批判しています。しかしバウハウス的ヴィジョンが現代に通用するかどうか難しい。

M：最近の建築状況を見ていると、言葉がなくても建築はできるという風潮が感じられます。

N：真壁智治さんの「カワイイが日本を救う」などもそうですね。やはりスーパーフラットから来たのでしょう。建築をつくる社会的バックグラウンドや、それを支えるテクノロジーが成熟したのですね。社会が建物に求めるハードルが技術の成熟とソフト化によって容易に越えられるようになった。それがフラット化の最大の要因だと思います。
M：理論が不必要になり、不在化するのはある種、必然のようにも見えてきます。
N：理論がパーソナル（個人）化したのではないでしょうか。『錯乱のニューヨーク』もパーソナルな研究ですね。でも理論は本来パーソナルでしかありえないように思います」

手段としての技術／遊戯としての技術——

「N：『複製技術時代の芸術作品』でベンヤミンは技術を二つに分類しています。一つは自然を相手にした手段としての技術。社会的な目標を実現するために自然の法則を利用する技術です。もう一つは自然から離れて自律した遊戯のような技術です。モダンな技術とポストモダンな技術といっていいかもしれない。先頃、菊竹清訓さんに特別講義をお願いしたのですが、菊竹さんの考える技術は前者つまりモダンな技術です。一方、構造家の佐々木睦朗さんが追究しているのは、後者つまりポストモダンな技術です。佐々木さんのフラックスストラクチャーは今までにない高度なゲームのような技術です。現代は技術を含めて建築全体が遊戯的な段階に突入しているのかもしれません。
M：成熟社会になったということですね。
N：社会的効用よりも、差異化によって価値を生み出す技術、つまり資本主義の原理そのものですね。遊戯性が建築の可能性を拡げ、新しい価値を生むのであれば、それでいいのではないかと思います。クリエイションとは本来、遊戯的な活動なのですから。

M：ポストモダニズムの建築のキーワードは遊戯性かもしれないですね。

N：それを遊戯性というかメタファーというか。ベンヤミン流に言えば無意識の論理でしょうか。

M：『錯乱のニューヨーク』も理論書であると同時に、ある種の推理小説みたいなものですから、遊戯の産物といった感じがありますね。

N：私は、この本をコンパクトシティに関する理論として読みました。目的的技術と遊戯的技術の統合としてね。「過密」のコンセプトはもっとポジティブに評価すべきです。コンパクトな過密都市と自然化された過疎の郊外との共存が、近未来の都市像だと思います」（『錯乱のニューヨーク』読書会」難波和彦インタビュー、「建築雑誌」二〇〇八年三月号。聞き手・南泰裕（国士舘大学教授）。二〇〇七年十二月四日収録）

今回『S, M, L, XL ＋』と一緒にあらためて『錯乱のニューヨーク』を再読して、ひとつ重要なことに気づいた。モダニズム運動は一九二〇年代に西ヨーロッパで生まれたが、その後にロシアへと伝播してロシア・アヴァンギャルドとして開花し、アメリカに伝播してインターナショナルスタイルとして根づいた。しかしながらロシア・アヴァンギャルドは一九三三年以降のスターリン時代に社会主義ポピュリズムによって排除され、アメリカでは資本主義によって思想的に骨抜きにされ、スタイルだけが残ることになった。このような歴史について、ある建築家はいみじくもこういっている。「モダニズムはロシアでは表現を失い、アメリカでは思想を失った」。おそらくコールハースは以上のようなモダニズムの歴史を認識していたにちがいない。ぼくのみるところ、彼がAAスクールを卒業した直後にニューヨークに移住したのは、かつて思想と表現に分離してしまったふたつのモダニズムをふたたび合体させ、新しい形に再生させる可能性をニューヨークに看取したからではないかと思う。AAスクール時代からコールハースは「ベルリンの壁」のイデオロギー的な意味に興味を抱いていた。ロシア・アヴァンギャルドとりわけイワン・レオニドフの一連のプロジェクトの革新性にも注目していた。そのような後期モダニズムの思想と表現を、マンハッタン島上に構築された過密都市ニューヨークに接木しようと考えたのではないか。かつてはニューアムステルダムとも呼ばれていたニューヨークは、オランダ人にとってはなじみ深い都市だったろう。彼がAAスクールに在籍していた一九七〇年前後のヨーロッパ経済は沈滞のどん底にあった。そこから脱することもひとつの理由だったかもしれない。当時は多くの建築家や建築史家がヨーロッパからアメリカに移動し活動を展開していた。ふたつの世界大戦を経験して疲弊していたヨーロッパに比べると、両大戦とも無傷で終えたアメリカは政治的にも経済的にもひとり勝ちの状況だったのである。

しかし一九七〇年代後半になるとアメリカ経済はベトナム戦争の敗戦によって徐々に衰退していく。ヨーロッパでは一九七九年にマーガレット・サッチャーが英国首相に就任し、戦後のケインズ的・社会主義的な経済政策を破棄して新自由主義的・資本主義的な経済政策へと大転換を果たして以降、ヨーロッパ経済は徐々に活況を呈するようになる。一九八九年にベルリンの壁が崩壊して東西ドイツが統一され、一九九〇年代にはソヴィエト連邦と社会主義諸国が解体し、新自由主義的な経済体制は東ヨーロッパとロシアへと浸透していく。さらに中国も一九七六年に毛沢東が死んで鄧小平に権力が移譲されると、一九七八年からは改革開放の名のもとに社会主義市場経済へと突き進む。要するに世界中が資本主義化されたのである。他方では、オイルマネーで潤った中近東諸国がこの潮流に参入して世界経済を左右するようになる。

コールハースがオランダに帰国し、ロッテルダムにOMAの本拠を置いたのは一九八〇年代の初期である。それから大著の作品・論文集『S, M, L, XL』をまとめる一九九五年までのコールハースとOMAの活動は『錯乱のニューヨーク』で提示した理論とプロジェクトの壮大な実験的実践だったといってよい。実現したものは少ないにせよ、この時期は巨大プロジェクトが次々と計画されている。一九八〇年代の建築界はポストモダニズム一色だったが、コールハース／OMAはその潮流を蹴散らし、PCMによって昂進されたモダニズムの現代化に挑戦しつづけた。インターネットの急速な普及によって経済のグローバリゼーションが進行するなかで、コールハース／OMAの活動は全世界へと拡大していく。このあたりの事情はロベルト・ガルジャーニ著の『レム・コールハース―OMA　驚異の構築』（鹿島出版会、二〇一五年）に詳しく紹介されている。

『S, M, L, XL ＋――現代都市をめぐるエッセイ』（レム・コールハース著、太田佳世子、渡辺佐智江訳、ちくま学芸文庫、二〇一五年）は『S, M, L, XL』に収められた文章に、その後に書かれた文章を加えたエッセイ集である。大部分が『S, M, L, XL』が出版された一九九五年の直前に書かれたものだが、一九八〇年代に書かれた初期の文章もあり、ごく最近に書かれた「クロノカオス」（二〇一〇年）や「スマートな景観」（二〇一五年）も加えられている。「現代都市をめぐるエッセイ」とはいってもたんなる印象批評や個人的体験の紹介ではない。印象や体験から出発していることは確かだが、それを幅広い視点で検証し確認する綿密な社会学的調査に裏打ちされたレポートである。都市現象に関する資料を収集し、そこから仮説的な理論を組みあげるのがコールハース／OMAの方法である。コールハースはそのための調査組織であるAMOを設立しているほどである。この方法が『錯乱のニューヨーク』の延長上にあることは明らかだろう。それはグローバリゼーションによって無個性化した都市について論じた冒頭の「ジェネリック・シティ」（一九九四年）を読めばはっきりとわかる。さらにその七年後に書かれた最後の「ジャンクスペース」（二〇〇一年）は印象批評的な文章ではあるが、都市論を空間論に適用した野心的なエッセイであり、分析の深さと鋭さの点では変わりはない。「都市」の章に納められた個別の都市に関するエッセイは、それを再検証する各論だといってよいだろう。とくに「シンガポール・ソングライン」は都市史としても読み応えのある力作である。ただ東洋のニューヨークともいえる「香港」に関する論がないのが気になったが。個人的には最初の「問題提起」の章に収められた一連の論考をもっとも興味深く読んだ。一九九〇年代の都市計画の破産に関する「都市計画に何があったのか?」、建築の規模増大の歴史的必然性を証明した「ビッグネス、または大きいことの問題」、構造や設備などの技術的条件とデザインの関係に関するOMAの見解を示した「まさかの林檎」（このタイトルは Last Apple の訳だが明らかに誤訳である。Apples は最後の設計条件としての構造や設備といった技術的な要素を指している。したがって「最後の果実」とでも訳すべきだろう）、均質空間の世界的な浸透について論じた「基準階平面」、グローバリゼーションの拡大に関する「グローバリゼーション」、ヨーロッパの都市開発における保存と開発の確執について論じた「クロノカオス」、デジタル・デザインと建築の本質について比較した「スマートな景観」など、都市と建築にまつわる現代的なトピックがコールハースらしい多角的な視点から分析されている。なかでももっとも目を開かれたのはデジタル・デザインがもたらす影響について論じた「スマートな景観」におけるコールハースの警告である。

「これまで何世紀にもわたって蓄積されてきた知識と、今日「スマート」とされる狭い範囲の業務とを融合し得る可能性はほとんどないのではないだろうか。われわれが今直面しているのは、人間の集団を明確に捉えるという建築の伝統的能力と、個人との一体化が可能といえそうなデジタルの能力との、根本的な対立関係だ」(二〇四ページ)

デジタル・デザインをポジティブにとらえるかネガティブにとらえるかの判断は、その人の世代性を分かつリトマス試験紙かもしれない。これまでコールハースは、どのような場合でも時代の趨勢を冷静に受けとめ、それをポジティブに展開させる方法を考案してきた。しかしデジタル・デザインに対しては明らかにネガティブな立場をとっている。これはいわゆるハイテック建築に対する否定的評価の延長上にあるともいえる。いずれにせよ技術優先主義に対して彼は否定的である。「人間の集団を明確に捉えるという建築の伝統的能力」というきわめて正統なコールハースの主張を、ぼくたちは肝に銘じるべきだろう。

このように『錯乱のニューヨーク』も『S, M, L, XL ＋』も多様な読み方ができる著作だが、両者には決定的に異なる点がある。前者は単独の著作として発表されたが、後者は実務と並行して書かれた文章の抜粋という点である。したがって前者は読み物として完結しているが、後者はそれぞれのエッセイが書かれた時期と実務と密接に関連している。後者も単独に読めるように編集されてはいるが、実際の仕事と関連づけながら読むと問題がより明確に浮かびあがってくる。たとえば「ビッグネス、または大きいことの問題」と「まさかの林檎」は一九八〇年代末のカールスルーエ・メディアテクノロジー・アートセンター、フランス国立図書館、ゼーブルグ海上ターミナルといった巨大プロジェクトのコンペを見ながら読むとより説得力が増してくる。「ジェネリックシティ」や「ジャンクスペース」は現代の都市空間に関する一般的な考察だが、実務の立場からみれば、取り組もうとしているプロジェクトが置かれている都市的コンテクストに関する分析でもある。つまりどの文章も「プログラム－調査－理論化－デザイン」という連鎖的な作業のなかに位置づけられているのである。

エドマンド・バーク

『崇高と美の観念の起原』を読む

「崇高」が現代にもたらすもの

遠藤政樹＋佐々木崇

感動とは何か？

絵を見たとき、教会に入ったとき、感動するのはなぜか？　その理由が対象となるモノ（オブジェクト）にあるのか、経験する側の感受性（サブジェクト）にあるのかについて、これまで多くの人によって語られてきた。現代でいえば、モノをつくる立場から芸術の自立性を主張したクレメント・グリンバークがいたし、建築では、コーリン・ロウが経験する側からル・コルビュジエの建築を虚の透明性として定義している。その始まりが『崇高と美の観念の起原』（一七五九年）を書いたエドマンド・バークとされる。

バークの時代まで、美しさの根拠は均斉やプロポーションといった外部にあった。古典主義というものだ。そこから人の感受性というものに焦点を移した。建築でいえばロージェ神父が「建築試論」で原始の小屋を提案した時代である。それまでの建築の聖典であったウィトルウィウスの「建築十書」が揺らぎはじめ、建築の再定義がおこなわれたころであった。この十八世紀中ごろは、理性を重んじる啓蒙思想が始まった時代である。

この時代にバークは、「崇高」という問題をとりあげた。崇高の問題を通してモノの根拠について考えたのだ。モノの根拠はぼくたちの内面の問題であり、内面が外的対象に投射されていることをはじめて指摘したのである。バークと同時代にイマヌエル・カントがいた。カントもバークの崇高論の影響を受けたと言われている。彼は『判断力批判』(一七九〇年)においてその後、モノの根拠をまったくの感受性の問題として収束させた。しかしそれに先立ち、外的対象にかかわる人間内面の自然的能力の定義をおこなっていたのがバークであった。

現代はどうか? 現代は「かわいい」に代表されるように内面が大切にされる時代である。しかし一方で、社会との接点が失われてしまう危惧もある。建築家はみずからがデザインした建築がどう社会に働きかけ、どう社会が受けとめるかを考える。現代は価値観が多様化し、誰でも情報に対して自由にアクセス可能なICT技術が発達した時代である。その時代では、個人的嗜好が重要視される。しかし、「かわいい」に代表される内面の時代の先に社会との接点を見いだす何かがあるのか? LATsの読書会でおこなっているのは、この溝を埋める手がかりの探求だと思う。ぼくらは「崇高」に、それを解く鍵があると考えた。

「崇高」の考察から得られた理性の存在

「崇高」とは、バークあるいはカントによれば理解不明のとらえどころのない強烈な刺激がもたらす情感とされる。したがって経験者の内部だけで完結しえないアルプスのような大自然、自然災害なるものが対象として必要とされる。それが崇高なるものの代表である。

この時代の十八世紀は、ギリシャ・ローマ文化を知見する目的でいわゆるグランドツアーを通して山岳体験が始まり、いままで見たことのない大自然アルプスの山々を多くの知識人が目にすることになった。未知なるものに対する理性的判断が必要とされたのである。ゲーテもこの時代、『イタリア紀行』においてこのアルプス越えを詳細に記している。余談ではあるが、日本にも古代から山岳信仰というものはあった。たとえばシンメトリーで美しい三輪山に対してである。ところが三輪山は入山の許されないアンタッチャブルな、神が宿る神聖な場所としてありつづけた。日本にいたってはつい最近まで理性的な判断がなされてこなかったのである。

一七五五年にはリスボンで大地震が起きたという。津波による自然災害の甚大さを理解するため、カントは地震についての書物を数冊著し、地震のメカニズムを説明しようとしたのである。

こうした時代にバークは、『崇高と美の観念の起原』において、繰り返しとなるがモノの根拠を示すこと、人が美しいと感じることを理性的に考察しようとした。

バークがまずおこなったのは「崇高」と「美」を区別することであった。「崇高」と「美」は同じカテゴリーに属し、「崇高な対象はその容積において巨大であるに反し、美の対象はそれが比較的小さい。美は滑らかで磨かれているに反して、偉大な物はごつごつして野放図である」(『崇高と美の観念の起原』一三七ページ)というように、刺激を受けるその仕方や刺激の原因に差異があるのではなくて、その程度の差異により存在するものと考えられていた。

ここまででは、古典主義的立場と変わりはない。しかしバークが反古典主義の立場をとるとされるのは、均斉に代表されるような外的因子も一方で否定し、外的要因と心的要因の中間に人間の判断力があるといっているところにある。バークは「崇高」の考察によってこうした考えを得ることができた。

「自己維持に属する情念は苦と危険にもとづくものである。その原因が直接我々を刺戟する場合にはこの情念は単純に苦であるが、我々が苦と危険の観念を持っていても実際にはそのような状況に置かれない時にはそれは喜悦となる。〔…〕この喜悦を抱き起すものを私は何事によらず崇高と名づける」（同五七ページ）

これは、「苦」を除去することで得られる生の反動的でダイナミックな高揚感について言及するものである。「崇高」は、「苦」と「危険」を克服するためにつくりだされた理性なのである。ここがバークの新しい視点であった。バーク以前には理解不能なものはすごいものとしか表現されえなかった。しかしバークは、苦を通した快というような受動的でない理性の存在をはじめて指摘し説明をおこなったのである。もはや、外的対象と内的理性のどちらが誘導要因であるかの区別が不明になっている。こうした新しい視点を提示した。

「崇高」がもたらす社会性

これはカントにも引き継がれる。しかしバークの崇高＝生の反動的高揚感という解釈が個人的内面の問題にとどまっているというのが、『ネーションと美学』における柄谷行人の指摘である。柄谷によれば、この反動的でダイナミックな高揚感を個人内面にとどめなかったのがカントであった。カントはむしろ、内面の問題としてすまされることによって安易に美的問題へと回収されてしまうこと――それをロマン主義といってもよいのだが――を拒んだのである。「最も植民地主義的な態度は、相手を美的に、且つ美的にのみ評価し尊敬さえすることなのである」(『定本柄谷行人集4 ネーションと美学』岩波書店、二〇〇四年、一六一ページ)

カントも「崇高」について考察したことに変わりない。ただし理解不能なほど強大、複雑、難解なもののとらえ方は個人の感性によるしかない。そのうえで他者と共有できず内容が吟味されないという態度、あるいは世界平和に向けて誰も明確な施策を挙げることができず、ただたんに素晴らしいものとして望む態度、対象のもつさまざまな属性を考慮せずこうして美的にのみ見る態度、これが美学という問題規制であるが、カントはそれを否定したのであった。

しかしカントも理性によって回収されない、かつ是正することができないものを否定するものではもちろんなかった。柄谷のいう「超越論的仮象」として、むしろその存在を認めることから始めるのであった。「超越論的仮象」とは「感覚ではなく理性に根ざすような仮象であり、容易に取りのぞきえない仮象だということを意味する。たんなる知的啓蒙によってそれを取りのぞくことはできない」(同六八ページ)ものをいう。これはバークによる「崇高」の定義にも一致する。柄谷はそこに「ネーション」「帝国主義」「宗教」「資本」を加える。

たとえばネーションは、「支配‐従属的な人間関係あるいは市場的な競争的人間関係ではないような、相互扶助的な人間関係の「想像的な」回復」(同)から生まれるものと考えられた。「国家と資本がもたらす現実的問題」を解決しうるような「想像物」として考えられたのである。そこには、ひとりの個人的趣味判断をこえ、社会構造にまで拡げられた視野が用意されている。それをバークはもちえていなかった。ネーションは知的啓蒙では取り除けないほど社会が必要とした現実である。カントも晩年にはもっとも超越論的な「世界共和国」をめざしたという。

しかしこうした現実は、悲しいかな「崇高」あるいは「超越論的仮象」なるものに出くわしてはじめてその必要性が認識されるというのが柄谷の考えである。フロイトが「超自我」と呼んでいたものは、壮絶な戦争体験から生まれたものであった。フロイトもカントから影響を受けていたという。「関心を括弧に入れることが困難であればあるほど、それを実行することの快も大きいということができる。〔…〕崇高は、一見して不快でしかないような対象に対して、それを乗り越える主観の能動性から来る快にほかならない。カントによれば、崇高は、対象にあるのではなく、感性的な有限性を乗り越える理性の無限性にある。逆に言えば、崇高は、理性の無限性を自己に対立する対象に見出す「自己疎外」なのである」(同一五五ページ)

そこには、理性の階層性と上部階層へのジャンプが示されている。エネルギー随伴による物質の相転移のようなものである。それは、G・ベイトソンのダブルバインドによる学習獲得技術Ⅲを思い起こさせてくれるものであった。ダブルバインドとは相対する矛盾したメタメッセージによって混乱をきたしたコミュニケーション状況をいう。超越論的仮象に出くわしたようなものだ。人はその混乱から逃れるために新しい高次元の理性を獲得するという。ちょうどイルカが、調教師から魚を得るために難易度の高い要求に次々応えることに似ている。これはひとつの個体間で完結する低次の学習例であるが、ベイトソンはさらに上の体細胞的変化、宗教的覚醒、世界観の大幅改定などにまで理論を拡げようとした。それがダブルバインドによる学習Ⅲである。経験者（世界）のなかには、自己のうちにあらかじめ用意されていた学習能力がある。それがリリースされることにより理性が相転移するという仮説である。しかし、人も社会もなかなかその能力を備えていることすら気づかない。「超越論的仮象」から逆に気づかされるのである。

社会的想像力

柄谷は、そうした学習力をカントを引き合いに「想像力」といっている。「想像力」とは、自分で考えていることとは違ったあり方を現にしているときにその分裂をこえようとする力である。「想像力」をもって新しい「実現される高次の次元」の理性獲得をカントは実行しようと考えた。「重要なのは、これまでの哲学では知覚の擬似的な再現、あるいは恣意的な空想として低く見られていた想像力が、カントにおいて不可欠なものとして取り出されたことである。想像力は再生的あるのみならず、生産的（創造的）なのである」（同三二ページ）

想像力を社会にまで適用させようとしたのだ。柄谷のいう「ネーション」がつくりだされる過程がそれである。

バークに話をもどそう。バークも同様に「想像力」の存在を認めている。人間の自然な判断能力を「感覚、想像力および判断力の三つですべて尽される」（『崇高と美の観念の起原』一八ページ）ものと考えていた。

彼もまた若いときの「崇高」の研究からその「想像力」の力を知った。彼が歴史に残っているのはその後の『フランス革命の省察』を著した政治家としてである。隣国で起きたフランス革命以降の政治家としてイギリスでその革命の余波に抵抗をした。人々を動かす力が理性をこえ情念であり感情であり、「想像力」によるものであることを彼も「崇高」の観察から自覚していた。その後半生、目まぐるしく変貌する多様な状況のなかでみずからが信ずる理念の実現を政治家として実践したのである。

『崇高と美の観念の起原』の最終第五編は言葉についてである。「崇高」と「美」を比較し、最終的に彼がもっとも可能性を感じていたのは詩歌をはじめとした言葉であった。それは言語による、人がさまざまな思いをつなぐ結合の力に関心を寄せるものである。

結合の力＝「想像力」の働きを見いだし、訳者解説にあるように「言語表現に本来的にまつわるこの曖昧さ、自由な結合によって雄弁が詩歌に些かも劣らず極めて強力に想像力を飛翔させて人間の最奥の心胸を揺さぶる仕組みを自覚的に理論」づけた（同二一七ページ）。そして後に彼は雄弁な政治家として、これを実行に移し、成功をおさめたのである。

私たちが直面するデザインの問題にあてはめよう。デザインは、摩訶不思議な曖昧模糊とした問題を形式化・社会化することである。それはもちろん与条件を整理するだけでは不十分である。「想像力」というものによって高次の次元へと導き、つまり個人のアイデアを社会化する必要がある。それは「超越論的仮象」をみずから積極的にとりこみ、自覚的に理性を揚棄することから始まる。バークにとっては、アルプスという大自然の自然体験からフランス革命にいたるものがそうさせていた。今日の設計活動のなかでそれは何か？　『崇高と美の観念の起原』を読んで考えたことであった。

美学の深度

難波和彦

いま、なぜ「崇高と美」に注目するのか。現代において崇高と美について考える意義がどこにあるのだろうか。美はともかくとして、そもそも崇高とはいったいなんなのか。さまざまな疑問が浮かぶ。LATsの論理に従うなら、そのような疑問が根底にあるから、あえて崇高と美について考えてみたいのである。逆にこう問うてもよい。現代において崇高と美の観念にリアリティを感じられないのはなぜだろうか。

今回とりあげるエドマンド・バークの『崇高と美の観念の起原』は、崇高と美について論じた数少ない十八世紀の著作である。本来ならば、その後に書かれたイマヌエル・カントの『判断力批判』をとりあげるべきかもしれない。しかし、そのためには『純粋理性批判』と『実践理性批判』を参照する必要がある。それでは読書会としてやや荷が重すぎる。そこで副読本として『定本柄谷行人集4 ネーションと美学』（岩波書店、二〇〇四年）をとりあげることにした。柄谷はこの著作でカントの『判断力批判』における「崇高と美」論のエッセンスを歴史分析に適用しているからである。

ＬＡＴｓのラインアップに美学に関する著作を加えることも「崇高と美」論を選んだ理由のひとつである。建築のジャンルでは空間論や形態論があるが、それを歴史的、文化的な視点抜きに論じるのはもはや時代錯誤だろう。美学は上部構造であり、それを支える技術論や機能論などの下部構造を抜きにして、美学について論じても説得力に欠けるという常識的な見方もある。しかし技術論や機能論の分析的な方法によっては、空間や形態を生みだすことはできない。その点は、近代建築の機能主義や技術主義の限界によって歴史的に証明されている。科学においてもトーマス・クーンのパラダイム論が仮説の先行性を明らかにしている。実際のところは美学が技術論や機能論を統合するのである。その意味で美学はデザインに似ている。つまり空間や形態が先行し、それが技術や機能に問題を投げかけることによってデザインが可能になる。カントや柄谷の著作はその点を明らかにしようとしている。

『エイリアン』と『タイムレス』

ほとんど論じられることはないが、近代の都市計画や都市デザインの思想には、隠された倫理というか美学のようなものが潜在しているように思う。近代の都市計画はつねに健康的でハッピーな都市をつくることをめざし、けっして「悪場所」を計画することはない。そもそも何かを「計画」することは、何かを「よくする」ためであって「悪くする」ためではないからである。この方針は近代都市計画の暗黙の前提になっている。しかしながら計画の当初の意図はそうであっても、そのとおりになることはけっしてない。もしも計画どおりの都市や街が実現したら、それはディストピアでしかないだろう。残念ながらというか、むしろ幸いにもというべきだろうが、都市には必ず当初の計画から外れたいかがわしい悪場所が生まれる。都市のもっとも魅力的な場所である「盛り場」が当初の計画どおりに実現したという話は聞いたことがない。本質的に「悪場所」は計画されるものではなく、自然発生的に生まれるのである。つまりトップダウン的な都市計画は、ボトムアップ的で自然発生的な活動によって補完されなければ「まともな」都市にはならないのである。

建築を学びはじめた学生時代から、ぼくはこの点をずっと不思議に思ってきた。というか、そこに近代の都市計画思想に隠されている歪んだ美学と倫理を感じてきた。この問題に対するアプローチのヒントを得たのは三十年ほど前のことである。ぼくの師匠である池辺陽が亡くなった一九七九年に、ぼくは世界一周旅行に出かけた。旅の半ばにアメリカ東海岸のボストンに赴き、ハーバード大学の建築を見学してまわった。そのときキャンパス内の本屋で、たまたま平積みになっているクリストファー・アレグザンダーの *Timeless Way of Building*（一九七九年、通称『タイムレス』。邦訳『時を超えた建設の道』平田翰那訳、鹿島出版会、一九九三年）を発見した。同じ日の夜に場末の映画館で『エイリアン』（監督リドリー・スコット、一九七九年）を観た。同じ日に『タイムレス』と『エイリアン』に出会ったのはまったくの偶然だが、ぼくの建築人生にとっては決定的な出来事だった。『タイムレス』は美しい建築が生まれる普遍的なプロセスについて論じ、『エイリアン』は恐怖の映像を徹底的に追求している。その夜、ぼくは『タイムレス』を読みながら、アレグザンダーが言うように美しさの普遍的なパターン（型）が存在するのだとしたら、恐怖にも普遍的なパターンが存在するにちがいないと直観した。そしてその後数年をかけて、この問題についてさまざまな角度から検証し、「エイリアンとタイムレス」というかなり長いエッセイをまとめた（『建築の四層構造』ＬＩＸＩＬ出版、二〇〇九年、所収）。当時のぼくは美のパターンも恐怖のパターンもなんらかの対象の属性が生みだす現象だと考えていた。だからこのエッセイでは、美しさも恐怖もその要因を対象の属性に還元しようと試みている。たしかに、対象がある特定の属性をもたなければ、美も恐怖も感じられはしないだろう。しかし、それは対象の属性が人間に刺激を与えるという、単純な「刺激→反応」図式を通じて一方通行的にもたらされるのではない。そこには人間の想像力・創造力が介在し、「刺激⇅反応」という相互作用図式を通じて生みだされるのである。ときには対象が存在しなくても人間の内面から同じような現象が生じることもある。その点に気づいたのはカントや柄谷の美学に出会ってからである。

問題を整理しよう。ここにはふたつの問題が絡みあっている。ひとつは、美や恐怖は対象の属性だけではなく、それを受けとめる人間の主観的な働きかけ（現代風に「脳の情報処理」といってもよい）をともなっているという事実。もうひとつは、デザインとはそもそも美や快適さだけを追求する行為なのかという疑問である。「崇高と美」という観念は、このふたつの問題にピタリと当てはまっている。

「美しい」という言葉には、美しさは「対象の属性」であるというニュアンスが込められている。これに対して、美しさが喚起する心理的な効果に注目し「心地いい」とか「感動的だ」といった言葉を使うと、主観的な感情に引き寄せてとらえることが可能である。というか「美しいと感じる」という主観的な感情を引き起こすような属性をもった対象を「美しい」と呼ぶのが常識的な定義だろう。古来、美しさは対象の普遍的な属性であるというプラトン主義的な考え方が存在してきた。アレグザンダーのパタン・ランゲージもその一種だといってよい。しかし、人間の感情や心理とは無関係に美しさが存在するという主張は、現代ではあまり説得力をもたない。むしろ対象と主観の相互作用を重視し、「美しさ」は普遍的・不変的ではなく、時代とともに変化する文化的・歴史的な感性であるというのが妥当な定義のように思える。対象の属性は変わらなくても、その受けとめ方は文化や時代によって変わるということである。現象学的にいえば、美しさは「構築される」のだといってもよい。

エドマンド・バークの『崇高と美の観念の起原』が書かれた十八世紀は啓蒙の世紀、つまり普遍的な法則が追求された時代である。同時に、十八世紀はフランスを中心にした啓蒙主義運動に対する反動として、ドイツを中心に個別性や主観性を重視するロマン主義運動が勃興した時代でもある。本書は、崇高と美の普遍的な特性を前提にしている点では啓蒙主義にもとづいている。しかしながら、最終的に「崇高と美の観念」が人間にもたらす情感に注目している点においてはロマン主義的な立場に立っているといってよい。本書によって英国の思想界にデビューしたバークは、後に政治家としての道を歩んだ。政治とは聴衆の感情に訴えかける説得術だと考えていたバークにとって、本書は対象が人間にもたらす「崇高と美」の心理的効果、すなわちさまざまな種類の情感に関するケーススタディだったのである。

以上のようなバークの意図を読みとることができる所見を検証してみよう。まず、序論の「趣味について」でバークは本書の前提についてこう言っている。「私はこの種の〔「美や崇高」を判断する〕趣味に関する原理が必ず存在すると信ずる者である」。これは明らかに啓蒙主義的な主張である。このような趣味の原理の普遍性を前提にしたうえで、バークは「崇高」の観念を、以下のように定義している。

「何らかの意味において恐ろしい感じを与えるか、恐るべき対象物とかかわり合って恐怖に類似した仕方で作用するものは、何によらず崇高の源泉であり、それ故に心が感じうるもっとも強力な情緒を生み出すものに他ならない。私が敢えて最も強力な情緒と言うのは、苦の観念は快の部類に入る観念よりも格段に強力であると私が確信しているからである」

「自己維持に属する情念は苦と危険にもとづくものである。その原因が直接我々を刺戟する場合にはこの情念は単純に苦であるが、我々が苦と危険の観念を持っていても実際にはそのような状況に置かれていない時にはそれは喜悦となる。私がこの喜悦という情念を快と呼ばなかったのは、それが苦にもとづくものでありそれ故如何なる積極的な快の観念とも大幅に異なっているからである。この喜悦を惹き起すものを私は何事によらず崇高と名づける。自己維持に属する情念はあらゆる情念の中で最も強力なものである」

以上の主張を整理してみよう。まずバークは、美がもたらす情念を「快」、恐怖がもたらす情念を「苦」と定義する。そのうえで、恐怖をもたらす状況から保護され、自己維持が保証されている場合に、その苦は「喜悦」に転化し、恐怖をもたらした対象は「崇高」な存在になると主張する。つまり崇高とは、恐怖や危険性を感じながらも安全が保障されているときに生まれる情念なのである。たとえば雷鳴は恐怖をもたらすが、それが雲のなかに滞留する静電気の放電であることを理解すれば崇高な存在に転化する。しかし、もし雷鳴の電気的なメカニズムを知らなければ、それはたんに恐怖をもたらすだけである。このように十八世紀が啓蒙＝科学の世紀であることと、崇高の観念への注目とは明らかに並行していることがわかる。つまり、崇高の観念は啓蒙主義とロマン主義とが相補的な思想であることを例証しているのである。

本書でバークは崇高と美の観念を定義した後、その詳細な分析を展開している。その際の基本的なスタンスを一言でいえば、より強く情感に訴えかける効果の探究である。バークによれば、快をもたらす美よりも恐怖を介した崇高のほうが人びとの情感を強く揺り動かす。あるいは、明晰な論理よりも曖昧な論理をバークが高く評価するのは、後者のほうがより強く人びとの情感に訴えかけるからである。機能性、倫理性、明晰性、快適性といった近代的な思考の目標はことごとく崇高性とは無縁であるとバークは主張する。バークによれば近代主義の概念はすべて能動的だが、崇高さはあくまで受動的な概念であり、曖昧で不確定で恐怖と不快に満ちている。それは知的でさえない。要するにバランスを欠くところにしか崇高の情念は生まれないというわけである。この点に説得術としての政治をめざすバークの真骨頂があらわれている。

バークは本書の最終の第五篇において「言葉」について論じている。それまでの「崇高と美」をめぐる議論展開からすると、いささか唐突な感じがしなくもない。しかしそうではない。言葉は「美や崇高」がもたらす情感とはまったく異なる手段によって、人びとの情感に訴えかけるからである。言葉は対象物やイメージを介さずに見解や象徴によって情念に働きかけるとバークは言う。その場合、重要なのは「明晰判明に表現する言葉」ではなく「心に強く訴える言葉」である。なぜなら、前者は知性に働きかけるのに対し、後者は情念に直接働きかけるからであるとバークは主張する。この考え方がレトリックを駆使する政治家としての、その後のバークへと展開していくわけである。ここでバークは、明確な対象物を指示しない言葉という伝達手段が、対象物がもたらす「美や崇高」よりももっとも人びとの共感を生みだすメカニズムを探究しているのである。

美学の主観性

バークの崇高論からは、ふたつの所見を導きだすことができる。ひとつは、美は端的に快をもたらすが、その情感の質と強度は恐怖を介した崇高がもたらす快（喜悦）よりも劣るという点である。もうひとつは、崇高がもたらす情念（快）は対象がもたらす苦を、その対象の構造やメカニズムを理解することを通じて相対化し、克服する主観的な努力によってもたらされるという点である。前者は、崇高をもたらす恐怖の存在意義をあらためて明確にし、後者は、崇高がもたらす感動は恐怖に対する主観的な働きかけ（克服）によって生みだされることを明らかにしている。

以上のような崇高と美の論理をさらに広いコンテクストのなかで体系的に整理してみせたのが、イマヌエル・カントの『判断力批判』である。柄谷は『定本柄谷行人集4　ネーションと美学』所収の論文「美学の効用――『オリエンタリズム』以後」のなかで、カントの美学を以下のように整理している。長くなるが、きわめて的確な指摘なので引用しよう。

「一八世紀後半に出現した美的態度にかんして最も透徹した考察を与えたのはカントである。カントは、ある対象に対するわれわれの態度を、これまでの伝統的区別にしたがって、三つに分けている。一つは、真か偽かという認識的な関心、第二に、善か悪かという道徳的な関心、もう一つは、快か不快かという趣味判断。しかし、カントの区別がそれまでの考えと違っていることの一つは、彼がこれらに優劣の順位を与えず、ただそれらの成立する領域をはっきりさせたことである。それは何を意味するか。たとえば、ある対象物に対して、われわれは同時に少なくとも三つの領域で反応する。われわれはある物を認識していると同時に、それを道徳的な善悪の判断において、さらに、快・不快の対象としても受け取っている。つまり、それらの領域はつねに入り混じった、しばしば相反するかたちであらわれる。このために、ある物が虚偽であり、あるいは悪であっても、快であることがあり、その逆も成立する。

カントが趣味判断のための条件としてみたのは、ある物を「無関心」において見ることである。無関心とは、さしあたって、認識的・道徳的関心を括弧に入れることである。というのも、それらを廃棄することはできないからだ。しかし、このような括弧入れは、趣味判断に限定されるものではない。科学的認識においても同様であって、他の関心は括弧に入れられねばならない。〔…〕こうした括弧入れは近代的なものである。それはまず近代の科学認識が、自然に対する宗教的な意味づけや呪術的動機を括弧に入れることによって成立したことから来ている。ただし、他の要素を括弧に入れることは、他の要素を抹殺してしまうことではない。
そうだとすると、カント以後の美学の特徴もまた、このような意識的な括弧入れにあるといってよい。カントの考えでは、美はたんに感覚的快適にあるのではない。といっても、それはたんに無関心的態度にあるのでもない。それはむしろ「関心」を積極的に放棄する能動性から生じるのである。その場合、関心の括弧入れが困難である場合ほど、そうすることの主観の能動性が快として、自覚される。カントの美学が主観的だというのは、そのことを意味する。〔…〕
カントの考えをもっとも明瞭に示すのは、崇高論においてである。崇高は、一見して不快でしかないような対象に対して、それを乗り越える主観の能動性から来る快にほかならない。カントによれば、崇高は、対象にあるのではなく、感性的な有限性を乗り越える理性の無限性にある。逆に言えば、崇高は、理性の無限性を自己に対立する対象に見出す「自己疎外」なのである」（一五三―一五五ページ）
カントの美学においては、認識も道徳も趣味（美学）も対等に置かれている。重要なのは、美学が主体の能動性に根ざしているという点である。そして、主体の能動性がもっとも強く要求される情念が崇高である。カントの論理にしたがえば、崇高とは、主体の知的な関心（理性）によって克服された恐怖（感性）がもたらす快だといってよいだろう。平たくいえば、崇高さを感じる快とは主体の努力が達成されることによって得られる一種の自己満足なのである。

では、カント＋柄谷が提唱する主観的な美学から、デザインにおける暗黙の倫理について、何がいえるだろうか。現代においては「美」をストレートに追求したり評価したりするのは時代錯誤のように思える。最近の「カワイイ」とか「キモイ」とか「ダサイ」といった言葉のリアリティは、既存の言葉では表現できない対象の複雑な属性を時代のコンテクストに結びつけて主観的に解釈しようとする点にあるのではないかと思う。時代の感性が細分化され、共有されにくくなればなるほど対象を主観に引き寄せて解釈する余地が大きくなる。その解釈を理解できないと感性を共有することもできない。逆に、主観的な解釈が幾重にも重なり複雑化すればするほど、その解釈を理解し共有したときの人びとの一体感は強化される。そのようなプロセスを経ていわゆる社会の「島宇宙化」や「群島化」が生じるのではないだろうか。

この問題を建築のデザインに引き寄せて考えてみよう。地球環境問題への注目から生まれたサステイナブル・デザインは、いまや時代の主流になっている。建築におけるサステイナブル・デザインを成立させる条件はきわめて複雑だが、もっとも理解しやすく広く共有されている条件は、建築の長寿命化と省エネルギー化である。前者は物理的な耐久性、後者はエネルギーの効率性の問題であり、どちらもハードなテクノロジーに関係している。つまり、両者ともエンジニアリング（工学）が扱う課題である。エンジニアリングにおいては、課題さえ明確に定義できれば、その解答は誰もが共有できる。逆にいえば、エンジニアリングにおいては主観的な解釈が入りこむ余地はあまりない。バークやカントの美学が正しいならば、エンジニアリングがもたらす解答は広く共有されるとしても、それに対する人びとの共有感は弱いといわねばならない。しかも現実には、建築の長寿命化や省エネルギー化はハードなテクノロジーだけで解決できる課題ではない。これまで建物の寿命は、物理的な耐久性だけでなく、むしろ法律の改正、機能的な寿命、技術革新といった歴史的条件によって決められてきた。あるいは建築の省エネルギー化は、建物の性能や設備の効率性だけでなく建物を使用する人びとの生活様式や労働の形態によって大きく左右されてきた。したがってハードなエンジニアリングだけではサステイナブル・デザインは成立しないのである。サステイナブル・デザインの幅広い共有をめざすのであれば、機能性や社会性まで問題を拡げ、主観の解釈が入りこむ社会学や人文科学をとりこむことが重要である。このときハードなエンジニアリングは、それを補完する役割で止まらざるをえないだろう。

この問題をさらに具体的に検討してみよう。サステイナブル・デザインの人間的な尺度は「快適性」である。快適な生活を確保しながら地球環境に優しい建築をつくることがサステイナブル・デザインの目標である。しかし快適性とはいったいなんだろうか。何にもとづいて快適といえるのだろうか。ここでもエンジニアリングが引き合いに出される。つまり温度や湿度といった尺度にもとづく物理的・身体的な快適性である。人によって幅があるとはいえ、数値によって示すことができる物理的・身体的な快適性は共有されやすい。しかし、ハードなエンジニアリングと同じようにその共有感は弱い。そこには主体の積極的な働きかけがないからである。

私見では、建築家が物理的・身体的な快適性にあまり興味を惹かれないのはこのような共有感の弱さにあるのではないかと思う。建築家は特殊解をめざすために、もっと共有感の強い快適性をつくりだそうとする。そのためには、建築家が提案するデザインを理解しようと努力するクライアントの主体的な働きかけが不可欠である。物理的・身体的な快適性は誰にでも共有される。しかしながら建築家に依頼するクライアントは、そのような受動的な快適性を求めてはいない。もう一歩踏みこんだ積極的な快適性を求めているように思える。生活のなかで知恵を働かせ、みずからが働きかけることができるような、開かれた未完成な快適性を求めているのである。したがって、建築家はデザインを通して、クライアントになんらかの問題を投げかけねばならない。クライアントはそのデザインを理解し、建築家が投げかけた問題を受けとめ、みずからの知恵によって解決する。そのような働きかけが、クライアントに対してより大きな快適性をもたらすのである。以上の論理から導きだされるのは、建築家がデザインすべきなのは問題を孕んだ快適性、あえて語弊を恐れずにいうならばクライアントが「克服可能な不快性」ではないかということである。

このように、ふたつの快適性の構図は、崇高と美の対比にピタリと重なっている。

カント＋柄谷の美学は、近代デザインに隠された倫理、すなわちイデオロギーを明らかにする。同じように、都市計画や都市デザインにおいても悪場所の意義を正統に位置づけることができるはずだが、それはまた別の機会の宿題としておきたい。

II　無意識の構造

多木浩二『生きられた家』を読む

正しい誤読法

服部一晃

「俗なる家と建築家の作品のあいだには埋めがたい裂け目がある」

多木浩二の『生きられた家』（一九七六年）は、数多ある建築批評のなかでも、もっとも単刀直入に「建築家の痛いところ」を突いた書物である。建築家がつくるのは非日常の「作品」であり、日夜人びとが暮らす「家」とはまったくの別物――この直球の指摘に対して、アーティストとしての建築家たちは無視するにせよ反論するにせよ、なんらかの態度の表明を求められることになった。とりわけこの難問に真摯に答えていったのが篠原スクールの伊東豊雄や坂本一成、さらには妹島和世といった後の世代を代表する建築家たちである。つまり、現代日本の建築表現はこの指摘に大きく影響されている。

『生きられた家』は、建築家が意志をもってデザインしたものではなく、ごく一般的な家についての多面的な思考の記録である。現象学、記号学、象徴学、精神分析学等のさまざまな知見から家を分析しようという発想は、一九五一年のハイデガーの講演「建てること、住むこと、考えること」と、アンドレ・ルロワ゠グーランの『身ぶりと言葉』（一九六四年）に着想を得ている。「住むこと」が「建てること」や「考えること」から分離してしまった現代において、それでも人間というプログラムが家をつくったならば、家を人間の無意識の思考のテクストとして読むことができるのではないか。現代の家を見つめることで、人間の変質、あるいは危機が見えてくるのではないか——それが『生きられた家』のコンセプトである。当然、多木にとって『生きられた家』は建築論ではなかった。それはむしろ、多木の最初の単著『ことばのない思考』（一九七二年）の正統な展開であった。

当時の多木は、「モノの分節のされ方」を「ことばのない思考」と呼んでいた。たとえば目の前にチェアがあったとして、「どのような部材と部材がどのように結合されているのか」というモノ自体が発する情報のうちにデザイナーの意志や無意識の痕跡をみるのである。多木は文化人類学者のごとくモノを成立させている構造を探りながら、家具・装飾・建築・写真といった視覚芸術を論じていくが、『生きられた家』とはつまり、この枠組みを芸術の外部にまで広げる作業であった。多木の興味は、「ありふれた家」を主題とすることによって特定のデザイナーをこえ、そのデザイナーを含む人間集団を生み出した社会の成り立ちに向けられたのである。

多木の意図ではないにせよ、『生きられた家』は建築家批判として読むことができる。と同時に、建築を「使う側の無意識の論理」から積極的に問いなおしていく契機を与えてくれる。諸刃の剣のような一冊である。

『生きられた家』をどう読むと危険か

〈生きられた家〉と言われたら、あなたは何を思い浮かべるだろうか。私はふたつの光景を思い出す。ひとつは小さいころに体験した祖母の家、代々木八幡の文房具屋の薄暗い店内や居間である。もうひとつは、ベトナムの街角に暗い間口を開け放つ恐ろしく汚れた誰かの部屋である。そのとき間違ってもかつて自分の住んだ家——郊外のふつうのマンションや建売住宅を〈生きられた家〉の好例と呼ぶ気にはならない。なぜか。それは、祖母の家やベトナムの部屋が〈生きられた家〉と呼ぶにふさわしい強烈さをもっていたからであり、どちらも私が異邦人として発見しているからである。

じつは俗なる家を〈生きられた家〉と名づけ語ることができるのは、「そこで生きていない第三者」の特権である。したがって私も、私自身が日常として体験してきた自分の家よりも、まるで建築作品を見に行くように非日常として体験した他人の家のほうを〈生きられた家〉と呼びたくなるのである。誰かの日常を、異常なるふつうさ、ありきたりさとして意識的に問いかけるその視線は、「普通さ（俗）から普通でなさ（聖）を引き出したい建築家の欲望」の投影である。建築家が〈生きられた家〉を語るときのこの捻れ、倒錯を、どう考えればいいか。

夏目漱石は『草枕』で詩を理解するコツについて、「第三者の地位に立たねばならぬ。三者の地位に立てばこそ芝居は観て面白い。小説も見て面白い」と述べ、劇中の利害から遠く離れることを説いている。多木が〈生きられた家〉の詩情を理解できたのも彼が第三者だったからであり、批評家のまなざしをもっていたからである。しかし多木は、同じように第三者である建築家の「読み替え」に対してはもっと慎重になるべきだと言う。たとえば、「建築家の作品と生きられた家とのちがいは、現代建築がヴァナキュラー（土着的）なものに特別な関心をよせるときにかえっていっそうはっきりする」と述べているが、これは〈生きられた家〉が、俗なることを「装う」建築作品の後ろ盾として利用されることを嫌ってのことである。実際、ポストモダニズムの歴史主義やヴァナキュラリズムの多くは、俗であることのジェスチャーから逃れることができなかった。

しかし、私は「普通さ（俗）から普通でなさ（聖）を引き出したい建築家の欲望」を否定すべきではないと思う。それを問題にすることは建築家自身の首を締めることにしかならない。ではなく、漱石の言葉を借りれば中途半端に利害に踏み込むことのほうを問題にしたい。たとえば〈生きられた家〉がわれわれに投げかける記号としての家・太古の記憶・人々の生に意味を与えるコスモロジー・キッチュといったさまざまなトピックを、そのまま達成されるべき「利」と考え、近代建築を「害」と名指すこと。〈生きられた家〉から「反－近代」というイデオロギーを引き出そうとすることが、不毛さの原因となるのである。〈生きられた家〉も『生きられた家』も、もっと徹底して「第三者」として読めばこそ価値がある。

直訳という落とし穴

第三者である私にできることは、私自身が〈生きられた家〉だと考えているふたつの光景が何によって〈生きられた家〉たりえているのか、個人的興味のためだけに分析することである。薄暗くカビ臭いコンクリートの土間に、このうえなく質素なガラスの陳列棚が並び、蛍光灯の青白い光が仄かに照らしだす文房具屋。黒ずんだ油や埃で壁も床も汚れ、生活用品やガラクタがうず高く積まれた、きわめてプライベートだが開かれたベトナムの部屋。このふたつの光景から共通する特徴を抽出すると、以下の五つがこれらの〈生きられた家〉を成立させる条件として見えてくる。

(1) とにかく汚い
(2) やたら暗い
(3) なんか臭い
(4) ものが多い
(5) わけがわからない

どちらの光景も通常私が目にする建築作品とは「反対」に汚く、暗く、臭く、乱雑で、意図不明である。だが、なぜそうした質を私はよいと考えたのだろうか。そう、これらの条件こそが「反-近代」と接近するのである。ふたつの光景に対するポジティブな感情は、私の日常を縛りつけている「近代」から、それらが逃れえているのではないかという期待によるものなのだ。それゆえこれらの条件は、ポストモダニズムの建築家たちがめざした西海岸やロードサイド、アジアやアフリカの集落、あるいは廃墟や未来都市といったモチーフにも共通して見いだされる。建築家には誰しもこれら負の特徴をよさととらえる反対方向の感性が多かれ少なかれあることだろう。しかし、これをそのままデザインに直訳していく行為は、あまり実りのあるものではない。汚く、暗く、臭く、乱雑で、意図不明な世界を「よい」と言うとき、私はたしかにその実害から離れているからこその第三者的視点を獲得している。しかし、平たく言えば「自分でそこに住みたいか」という問題に答えることができないような直訳は、オーディナリーでアグリーな建築を意図的につくろうとするシニカルさから逃れられない。俗なる世界の直訳は、自己充足的な特定の価値の祭り上げ、イデオロギー化を避けられない。よって右の五つの条件を積極的に評価したいのであれば、「反 - 近代」というイデオロギーを注意深く削ぎ落とし、より工学的に、より実用的に翻訳し、真に利害を離れた第三者としての私がおもしろいと思うことだけを抽出すればよいのである。

五つの条件と読み替え

これまで述べてきたように、〈生きられた家〉の正しい読み方は、第一に「第三者の視点から個人的興味のために読む」、第二に「直訳を避けて実用性を引き出す」の二点である。これに従って、先の五つの条件を次のように書き換えてみるとどうだろうか。

（1）とにかく汚い　＝経過した時間が表層に刻印されている
（2）やたら暗い　＝自然光だけで明かりを取っている
（3）なんか臭い　＝多様な生活が繰り広げられている
（4）ものが多い　＝ものを置ける場所が多い
（5）わけがわからない　＝単一のルールで決定されていない

これらの書き換えのコツは「何でもポジティブに、とはいえ即物的に」である。バカらしく聞こえるかもしれないが、そもそも〈生きられた家〉は建築家がそっくりそのままめざすべき価値にしてはならないのだから、いまあらためて「生きられた家」について考えるのであれば、自分が有効だと思うような概念を引き出せればそれでいいのである。むしろ、そうした「ゆるい読み取り」こそが、日常性や無名性や大衆性といったプラカードを掲げて「反‐近代」、あるいは「反‐メインストリーム」を標榜しなければならない建築家たちの重さを軽やかにこえていくことになる。『生きられた家』の問題を一般化して大勢を語るのではなく、「私にとってそれがなんの役に立つか考える」というのが正しい誤読法であり、それは他のテクストに対する場合も同じことである。

汚い・暗い・臭い・ものが多い・わけがわからない

さて、〈生きられた家〉の読み方についてはこの程度にして、ここからは先の五つの読み替えをひとつずつ検討してみよう。私が、私の思う〈生きられた家〉からあらためて得ることのできる、五つの実用的なヒントである。

（1）とにかく汚い　＝経過した時間が表層に刻印されている

〈生きられた家〉に特徴的な空間の質とは、家が住み手との少なくない時間を過ごしてきた結果として獲得したものである。なかでも汚いということは、表層における時間変化が大きいことを意味する。

表面が時間とともに変化することを楽しむ文化というのは、たとえば「使い込むと味が出る革製品」や「苔むした庭」や「みんなで撫でた結果ツルツルになった仏様」など幅広く存在する。建築においてもすでに「古材のよさ」や「ボロボロのコンクリートのよさ」といった感覚は定着しているし、いまさら声を荒げて言うほどのことではない。しかし、〈生きられた家〉の「生きられた時間の長さ」をもっともよくあらわすのは、より強烈な汚さである。それは目の前にいる住人ひとりの手によるものとはとうてい思えないため、幾人もの手を介して存在してきた建物そのもののアウラとなって見る者に迫る。こうした汚さはつくることのうちには存在せず、文字どおり長い年月壊されずに存在し、その間あらゆる人間の自分勝手な活動を受け入れてきたという事実のうちにのみ存在する。それは表面の素材や仕上げの問題というよりは、建物の私有と社会的な共有の問題である。

（2）やたら暗い　＝自然光だけで明かりを取っている

二〇一一年の東日本大震災のあと、オフィスも駅も節電のため蛍光灯を半分しか点けなかった。そのとき思ったのは「これぐらいのほうが落ち着く」という感覚だった。これまでの明るさがバカらしく思えた。しかし、そうした実感の一方で、いまだ多くの建築家の作品は明るく白くというこれまでのやり方のまま進んでいるようにみえた。

建築作品が暗さを避けるようになったのは、「暗さ」が「重さ・陰鬱さ・時代にそぐわない哲学的な思考」をあらわすようになってからである。かつてはたとえば白井晟一に代表されるような闇を扱う建築家がいたのだが、それが時代遅れになった。闇への志向とは一縷の光を崇める精神と表裏一体であり、その西洋的・キリスト教的な重厚さが、目の前にあるよく言えば軽やか、悪く言えば軽薄な現実に合致しなくなったのである。暗さは、「重厚さをあらわす記号」から切り離さないかぎり、建築家が扱いづらいものになってしまった。

一方で〈生きられた家〉を覆うのは、もっと劇的でない一様な暗さである。英語で言えば「dim」、曖昧でぼんやりとしたアンチ・クライマックスの薄闇である。まだこの感覚をポジティブに作品化した建築家はあまりいない。生きられた世界の大半の時間は、自然光だけを頼りにした不便ではない程度の暗さのなかにあるのだが、そうしたグレーの色合いを想定した美しさは建築家に忘れられて久しい。

（3）なんか臭い　＝多様な生活が繰り広げられている

他人の実家に上がったときのなんとも慣れない匂い。あるいはアジアの路上に漂うフルーツや料理、ゴミや排ガスの強烈な匂い。それらの匂いはそこで生活がおこなわれている証である。しかし、現代の住宅というのは、こうした「生活臭」を消し去る方向に進化してきた。たとえば住宅からは火の匂いがすでに消えている。火は薪をくべた時代からガスに置き換わり、ＩＨ（電磁誘導加熱）にいたって完全に無臭化した。同様に料理の匂いもフライパンから電子レンジへ、さらに外食へと向かうことで住宅から消えたし、当然、料理の移動にともなってゴミの臭いも遠ざかっていく。また、窓の外から漂ってくる植物や雨の香りといった自然の匂いは、建て込んだ都心から追い出され、近隣の公園にまとめられ、週末にだけ来訪者に提供されるようになる。

あるいは、祖母の文房具屋にあった紙やインクの匂いやカビ臭い匂いは、あたりまえだがそこが文房具屋であることによって発生した独特の匂いである。こうした「仕事がつくる匂い」は、専門店が消えていくと同時に消滅する種類の匂いである。

別に匂いがあればいいという話ではないし、懐古趣味でもない。ただ匂いの消滅は、活動を次々に外部のサービスに委託していった人間の変化や、専門性や特徴を失った街並みを示すのである。だからこそ〈生きられた家〉にただよう匂い、臭さは、限定された場所で繰り広げられる固有の活動が、かつて社会のそこかしこにあったことを思い起こさせる。

(4) ものが多い　＝ものを置ける場所が多い

このトンチのような言い換えには、ラカトン&ヴァッサルというフランス人建築家グループの建築が念頭にある。彼らの建築作品は溢れんばかりのもので埋め尽くされているのだが、それは彼ら独特の建築哲学──「ラグジュアリーとは床面積が広いことである」という短絡──をプレゼンテーションするための操作である。彼らは安価な素材で、ほとんどビニールハウスか倉庫かという素っ気ない覆いだけを用意し、そうしてできた無駄なほど広い床の上やテーブルの上に、その建築が「生きられた時間」を示すかのように日用品やガラクタを積み重ねるのである。

建築家の作品というのは往々にしてものを置ける場所が少ない。ものを置く場所が指定されていることや、何を置くべきかまで決められていることもある。〈生きられた家〉がものを置くことを謳歌しているということは、住まい方の完成イメージが存在しないことに加え、たんに「ものを置くだけの面積的な余裕がある」というあたりまえの事実も表している。

（5）わけがわからない　＝単一のルールで決定されていない

たとえば青木淳の『原っぱと遊園地』（王国社、二〇〇四年）での主張は、ある空間がつくられた際の決定ルールが忘れ去られることによって獲得できる質が存在する、ということだった。しかし〈生きられた家〉はより複雑で、たとえば機能性・象徴性・流行や趣味・風水や宗教的理由といった複数のルールによって複数回決定、あるいは決定の先延ばしがあった暫定的な結果として存在しているにすぎない。そのためルールは不可視である以上に、存在していないかのようである。

建築家の作品を支える「建築性」とは、明晰な思考とその貫徹のことである。だが、建築性が住み手に余白を与えないことの息苦しさは、すでに大半の建築家にとって自覚された問題であった。青木淳は議論を一歩進めて、かつての明晰な思考が意図せず横滑りしてしまったデリダ的「誤配」の心地よさを指摘したが、一方、誰かに向けて書かれた手紙すらでない〈生きられた家〉は、建築家がそのまま扱える空間ではなかった。だが、多木の功績とは、まさにそうした〈生きられた家〉にも重層したルールがあることを指摘した点である。であれば、いま〈生きられた家〉は「複数のルールによる複数回の決定による暫定的な空間」と言いかえることが可能であり、そうして定式化されれば建築家の扱える問題になる。

作品であり家であるもの

以上が、私にとっての〈生きられた家〉が投げかけてくる五つのメッセージである。もちろん私は、それらのメッセージをまだ見ぬ建築「作品」のために使えないかと内心企んでいるのである。〈建築家の作品〉と〈生きられた家〉の亀裂を埋めようとする行為のうちに、新たな「作品」への契機が隠されているのではないかと期待して『生きられた家』を読むのである。そうした読み方は背徳行為だろうか?――そんなことはない。未来永劫、建築家がつくるのは作品であり、家であることに変わりはない。そしてその矛盾した行為に尽きない話題を提供してくれるのが『生きられた家』なのだから。

機能主義2・0　『生きられた家』の可能性の中心

難波和彦

『生きられた家』の初版は一九七六年に出版され、その後、何度か手を入れられながら版を重ねてきた。ぼくは新しい版が出るたびに手にとり、読み返してきたが、初版から三十五年以上を経た今日、本書を読む意義はどこにあるだろうか。ぼくの考えでは、建築をデザインすることと、デザインされた建築が使われ、住まわれ、読みとられることとの結びつき（あるいは断絶）を広い視野でとらえた点にあるのではないかと思う。

建築が使われること、住まわれること、読みとられることは、もっとも広い意味での「機能」といってよいだろう。とすれば本書の意義は、用途や実用性に限定されていた機能の概念を拡大し、新たな機能主義の可能性（あるいは不可能性）を多面的に検討した点にあるといってもよいかもしれない。

多木浩二との対話

多木浩二とは一度だけ話をしたことがある。伊東豊雄の案内で数人の建築家と一緒に「せんだいメディアテーク」（二〇〇〇年）を見学したときのことである。見学が終わり、みなで感想を述べた後、伊東と別れ、多木とふたりだけで帰京することになった。帰りの新幹線のなかで、ぼくは多木に対し「せんだいメディアテーク」を含めた当時の建築状況について率直な意見を聞いた。そのときの多木の回答を、ぼくはいまでもはっきりと記憶している。ちょうど山本理顕の「埼玉県立大学」（一九九九年）が完成したばかりだったが、多木は伊東と山本のふたりの建築家にもっとも大きな可能性を感じていると指摘した後、こう付け加えた。ふたりはまったく対照的な建築家である。伊東はイメージの建築家であるのに対し、山本はシステムの建築家である、と。「せんだいメディアテーク」と「埼玉県立大学」の比較論としてあまりにも的確な指摘だったので、ぼくは呆気にとられ、それ以上突っこんだ質問をすることができなかった。多木は引きつづき自説の理由を詳しく説明してくれたような記憶があるが、ぼくには最初の指摘だけで十分だった。

もちろん、建築はイメージだけで、あるいはシステムだけでできあがっているのではない。イメージを建築化するには、それに技術的なシステムを与えねばならない。システムを建築化するには、それを導く空間のイメージが不可欠である。むしろ「せんだいメディアテーク」の可能性はイメージが技術のシステムによって徹底的に鍛えられている点にあり、「埼玉県立大学」のリアリティはシステマティックな平面計画が豊かな場所のイメージを喚起している点にあるといっても過言ではない。にもかかわらず多木の指摘に説得力があるのは、このふたつの建築においては創作のコンセプトがそのまま建築が使われ、体験され、読みとられるコンセプトに結びつき、両者が不可分になっているからである。ぼくはそのときの多木の批評に『生きられた家』の遠い木霊を読みとっていたように思う。

批評と創造

『生きられた家』の初版が出たとき、それは多くの建築家にとまどいをもって受けとめられた。そこでは、それまでの多木の批評が扱っていた建築家の作品ではなく、ごくありふれた紋切り型の、ときにはキッチュに近い建物について論じられていたからである。

初版が出た一九七〇年代後半から八〇年代にかけては、ロバート・ヴェンチューリの『建築の多様性と対立性』と『ラスベガス』やチャールズ・ジェンクスの『ポストモダニズムの建築言語』の翻訳が出版され、ポストモダニズムのデザイン思想が勃興した時代だった。ポストモダニズムの建築思想は、一方ではポップアートやキッチュなどの記号学的な視点を建築デザインに積極的に取り入れようとしていたし、他方ではクリストファー・アレグザンダーのようにクロード・レヴィ＝ストロースの『野生の思考』に代表される文化人類学的なアプローチへと向かっていた。『生きられた家』においては、そのような傾向がいちはやく先取りされていた。このようにポストモダニズム的な視点が明確に提示されていたにもかかわらず、本書がとまどいをもって受けとめられたのはなぜだろうか。

それまでの多木は、先進的な建築作品に対する刺激的な批評を提供しつづけていた。多木は写真家として出発したが、特異な視点によって撮影された彼の写真は、それ自体がひとつの建築批評として受けとめられていた。その後、多木は文章による建築批評を書きはじめる。多角的な視点から展開される彼の批評は、多くの建築家にとって自作を歴史的に位置づけ、新たな創造へと駆り立てる貴重な基準点となった。伊東豊雄や坂本一成は、多木の建築批評を指針として自作のデザインを展開していったといっても過言ではない。

一方、多木にとって記号学や文化人類学の所見を導入することは、批評の対象の範囲を拡大するためのごく自然な成り行きだった。しかしながら建築家たちは、それを創造的な批評から受動的な批評への転向として受けとめたのである。建築家たちがもっとも疑問を抱いたのは、多木が「生きられた家」の条件を微細に検討しながら、それを建築家がデザインする建築へとフィードバックする回路を示していない点だった。それは、建築家は「生きられた家」をデザインすることはできないというメッセージにほかならなかった。建築家たちの神経を逆撫でしたのは、『生きられた家』の冒頭に書かれた多木の次のようなポストモダニズム批判だった。

「建築家の作品と生きられた家とのちがいは、現代建築がヴァナキュラー（土着的）なものに特別な関心をよせるときにかえっていっそうはっきりする。ヴァナキュラリスムは、たしかに建築に具体物の輝きを求め、「偉大な作品」から離脱しようとする傾向のあらわれである。それは生きられた家の時間と空間に、従来の建築を非聖化し、生き生きさせるためのヴォキャブラリーを求める。あるいは生きられた家がなりたつ文脈と家との関係に、修辞的範型を探すこともある。しかし、そのときでも（いやそのときこそ）「建築」は、充分普遍化された概念がなければなりたたない。その方法は、技術や計画理論あるいは社会学的な方法がそれだけではどこまでいっても、われわれの時代の根本的な欠乏を解決するにはいたらないというアイロニカルな認識の上に組立てられている。だから、ヴァナキュラリズムを標榜しても、建築家の作品は生きられた家のなまなましさのかなたに、生きられた家々自身が気づかないでいる「建築性」という概念——自己自身に言及する概念をそこからひきだしてなりたつのである。いわば他者のまなざしを織りあげることによってひとりの人間の想像力が現在構成可能な空間の限界を描きだすことになる」（岩波現代文庫、二〇〇一年、七ページ）

歴史の召還

当時のぼくは、初期の多木浩二の著作のほとんどをフォローしていた。『生きられた家』に続く『眼の隠喩——視線の現象学』（青土社、一九八二年）や『「もの」の詩学——ルイ十四世からヒトラーまで』（岩波現代選書、一九八四年）あたりが、ぼくにとってはもっとも充実した多木浩二の読書経験である。しかし多木が徐々に視野を拡げていくにつれてついていけなくなった。多木の視点は徐々にアーティストやクリエーターから離れていったからである。

『生きられた家』を特徴づけている視点のひとつに、文化人類学的なアプローチがある。文化人類学に特有の原型や起源への遡行には歴史を超越しようとする無時間性への指向があり、それをそのままデザインに適用すると、反動的で保守的なデザインに結びつく。ポストモダニズムの建築家たちが、一時期とりつかれたコスモロジー論や象徴論はその典型だった。一九七〇年代の一時期にコスモロジー論にもとづく建築デザインが流行したが、短期間で命脈が尽きた。急速に変化する時代とコスモロジー論とは、本来的に相容れなかったからである。文化人類学的な視点には固有名が存在しない。つまり『生きられた家』には固有名すなわち作家性を認める余地がない。『生きられた家』が招いた感覚的な抵抗は、そのあたりにも起因していたように思える。しかしぼくの考えでは、多木の思想の特異性は文化人類学的な視点を歴史的な視点によって相対化した点にあると思う。多木が『生きられた家』の文化人類学的な視点を相対化するのは、ベンヤミンの『複製技術時代の芸術作品』を通じてである。多木は『「複製技術時代の芸術作品」精読』（岩波現代文庫、二〇〇〇年）を書いている。

歴史の導入にはふたつの視点がある。ひとつは歴史の底流をみることである。無名性の歴史、あるいは歴史の無意識への視点と言ってもよい。もうひとつは出来事の連鎖として歴史をみること、すなわち固有名の歴史への視点である。レヴィ＝ストロースに倣って両者を「構造と出来事」といってもいいかもしれない。ぼくが多木の視点の移動と拡大にかろうじてついていくことができたのは、多木がアーティストの仕事に歴史の底流を浮かびあがらせる力を見いだそうとしているようにみえたからである。多木によれば、彼らの作品は歴史の無意識を意識化し、出来事によって構造をつくりだそうとする試みなのである。画家のアンゼルム・キーファーに関する『シジフォスの笑い――アンセルム・キーファーの芸術』（岩波書店、一九九七年）や『表象の多面体――キーファー、ジャコメッティ、アヴェドン、コールハース』（青土社、二〇〇九年）、写真家のロバート・メイプルソープに関する『死の鏡――一枚の写真から考えたこと』（青土社、二〇〇四年）などは、そのような仕事だった。多木が伊東豊雄や山本理顕の建築に見いだしていたのも同じような可能性だったのではないか。ぼくにはそう思えるのである。

象徴性と時間性

『生きられた家』には、いくつか記憶に残る文章がある。ジャン・ボードリアールを参照しながら、近代デザインに関して、多木はこう書いている。

「近代デザインの犯した錯誤のひとつは、物が人間によって生きられるときに生じる記号的変貌（二次的意味の発生）とその記号によって人びとが生きる「現実」が生じてくることを推測しえなかったことにある。だから、伝統的体系に対して、機能、必要性《ブズワン》、象徴性のあらゆる面に、それぞれ技術的体系から首尾一貫した合理的本質的構造を対置した。しかし〔…〕物には機能のほかに社会性つまり社会的な意味の次元での運動があることを理解しなかったので、実際には期待と全く逆のことが起こった。物を支配しているのが必要《ブズワン》の充足でなく、欲望《デジール》にもとづく象徴的交換であるというのは、多少、物を不可欠と見なすだけではどうにもならない社会の構造であった。生きられることによって、物は、近代デザインが期待した本質的なものから逸脱してしまうという、社会文化的な構造を見逃したのである」（一二五ページ）

たしかにそうかもしれない。しかしぼくの考えでは、近代デザインは十九世紀のプレモダンなデザインが上記のような象徴的交換にあふれていたことから脱しようとしたのである。それが錯誤だったというのは事後的な判断でしかない。そこで止まってしまうのは、デザインの変革性に対する反動的な順応主義ではないかと思う。多木がそうだとはぼくは思わないが、本書の別のところではキッチュを再評価している点などから、多くの建築家はそのように読みとった可能性がある。

さらに多木は、時間のパラメータを導入することによってこの問題を「計画することと経験することのちがい」としてとらえなおしている。この点は本書のもっとも重要な論点である。

「もし計画なりデザインなりという視点から考えるなら、未来は開かれたままに残しておくようにしなければならない。計画と経験のずれ、差異の方が、人間にとって本質的なのである。しかもその両方（計画と経験）とも人間的な事実である、計画的にしか世界を見ない（したがっていわば理性的に構成された世界しか見ない）人間にとっては欠陥であるずれこそ、人間にとって根本的な問題を含んだ要素なのである。生きられる家の未来を絡めとることは未来を失うことであり、時間についての理解の不充分さを示すにすぎなくなるだろう。未来の予測は全く不可能ではないが、現在についての洞察以上の意味はない」（二〇一―二〇二ページ）

この主張には、戦後のケインズ主義から一九八〇年代の新自由主義への転換、ハイエクやフリードマンの自生的な秩序の思想、あるいは一九九〇年代の社会主義諸国の崩壊などが遠くこだましている。しかしながら一方では、コンピュータの急速な進展は「計画」の対象範囲をさらに拡大しようとしている点も忘れることはできない。建築デザインの世界も例外ではない。たとえばＢＩＭ（Building Information Modeling）は計画を精細化し、その範囲をさらに拡大する技術である。そしてそれは時代の底流において依然としてモダニティが進行していることの証でもあるように思える。

とはいえ多木も指摘するように、デザインがつくり手の論理にとどまるかぎり、いかに微細な計画がなされようとも、デザインに象徴性と時間性を取り込むことはできない。デザインが完成し、つくり手の手を離れてしまえばデザインをコントロールすることはできないからである。LATs第一回『日常的実践のポイエティーク』においてミシェル・ド・セルトーが指摘しているように、デザインを使うこと、経験すること、読みとることも一種の創造行為である。この事態を逆にみるなら、つくり手の論理とユーザーの論理とを、ともに創造の論理と考えることができれば、この問題は解消される。そして現代のデザインはそのような方向に向かっているように思える。

「注視」と「散漫な意識」の往還

一般に、建築について論じる際には建築そのものが注目され、それが経験され、使いつづけられる時間的な変化は捨象される。建築がひとつの作品として議論されるのである。建築を作品とみなすことは建築を前景に立たせることである。建築が自立したジャンルである以上、それは当然だろう。この当然と考えられている前提に対して『生きられた家』は疑問を突きつけているのである。

建築は完成した時点が終点ではない。完成時には前景として注目を浴びるかもしれないが、それは一時的な効果でしかない。建築は時間をかけて場所に根づいていく。建築が人々に影響を与えるのは、経験され、読みとられ、日常生活を通して身体化され、風景の一部となることによってである。ヴァルター・ベンヤミンは「複製技術時代の芸術作品」において、絵画や彫刻のような十九世紀以前の芸術作品と二十世紀に誕生した映画や写真のような大衆的な芸術作品を比較するなかで、後者を建築になぞらえている。十九世紀以前の芸術作品は、その前に立ち、注視することによって鑑賞される。これに対して映画や写真は、受動的で散漫な意識によって無意識的に享受される。それは建築の体験の仕方と同じであるとベンヤミンは主張している。ベンヤミンの所見にしたがうなら、建築に関する通常の議論は注視の論理によってなされている。しかしながら建築の本来の働きは、時間をかけた受動的で無意識的な体験にあるのではないだろうか。『生きられた家』が主張しているのはそのことである。

「複製技術時代の芸術作品」の論点にしたがえば、『生きられた家』もまた散漫な意識、あるいは無意識の構造を注視することによって記述されている。多木の洞察に満ちた視線は、曖昧な無意識の構造をクリアに浮かびあがらせている。しかしすべてを記述し尽くすことはできない。どこまでいっても不確定で曖昧な残余が残る。というよりも記述された構造は、もはやもとの無意識とはまったく異質な存在になっていると言うべきだろう。『生きられた家』の記述は、人びとが現実に経験し読みとっている内容とはほとんど関係がない。しかし『生きられた家』の注視を通してでなければ、人びとがデザインを経験し読みとる構造が明らかにならないことも確かなのである。一方、建築家のデザイン行為は、この読解プロセスを逆にたどることである。そこにも同じような不確定性が潜んでいる。優れた批評家・歴史家が歴史の無意識のなかに潜んでいる固有名を浮かびあがらせるように、優れたアーティストは固有名を通じて歴史の無意識を浮かびあがらせる。とはいえそこで浮かびあがる無意識は、本来の無意識とはほとんど関係がない。しかしながら、それがなければ歴史の無意識が存在していることさえもわからないのである。

以上からも明らかなように、『生きられた家』と建築家のデザインはコンテンツにおいては対立しているが、注視の論理においては同じ立場に立っている。要するに『生きられた家』も注視の論理にもとづく一種のデザインであり、クリエーションなのである。この点に『生きられた家』の最大の可能性があるとぼくは考える。

最初にも指摘したように『生きられた家』は拡大された機能主義のためのケーススタディである。そこでは機能はかつての機能主義のようにデザインに従属するのではなく、自立した論理にしたがって展開する。新たな機能主義2・0は、デザインと拡大された機能との往還によって成立する。そして『生きられた家』には、新たな機能主義2・0のヒントが散りばめられているように思うのである。

バーナード・ルドフスキー『驚異の工匠たち』を読む

ヴァナキュラーから建築を考える

岩元真明＋川島範久

ヴァナキュラー≠伝統性・地域性

バーナード・ルドフスキーは、一九六四年にＭｏＭＡで開催された展覧会とそのカタログ『建築家なしの建築』によって「ヴァナキュラー」という概念を世に知らしめた。その十三年後に発表された『驚異の工匠たち』はヴァナキュラー建築を系統的に分析した大著である。

バーナード・ルドフスキーの著作を端緒として、二十世紀後半に「ヴァナキュラー」の概念は思想界・美術界にも敷衍した。しかし、日本語でしばしば「風土的」と訳されるヴァナキュラーという語は、一言ではとらえがたい意味の拡がりをもっている。特定の過去や地域における建築の長所を発見し、それを現代的に応用するだけならば「伝統的建築（地域的建築）から学ぶ」という言葉で足りる。ヴェンチューリの警告に耳を傾けよう——「素朴でヴァナキュラーな建築を受け入れることは、伝統的な建築を「地域主義《リージョナリズム》」の名のもとに裏口から受け入れることにつながる(1)」

真に「ヴァナキュラー建築」を考えるためには、まず「ヴァナキュラー」を方法論、概念としてとらえる必要がある。ヴァナキュラーを伝統性・地域性にすりかえる口当たりのいい短絡は避けなければならない。

ヴァナキュラーの概念

それでは、ヴァナキュラーの概念はどのように把握できるだろうか。近年の思想誌の特集[2]から、ヴァナキュラーの定義に関わる言及をいくつか引用をしてみよう。

「ヴァナキュラーという概念は、〔…〕民衆の日常の造形的実践を新しい視点のもとに捉えるために援用された戦略的概念である」[3]（前川修）

「イヴァン・イリイチが『シャドウ・ワーク』でヴァナキュラーを「一般の市場で売買されないもの」の意に拡張して使用する背景には、市場と家政とのこうした分離がある。〔…〕この場合、ヴァナキュラーなものは商品の対立概念と見なされている」[4]（田中純）

前者では、大文字の文化に対する「民衆の文化（造形的実践）」という側面が、後者では市場経済に対する「非商品」の側面が「ヴァナキュラー」の本質的性質として示されている。いずれにおいても「伝統性・地域性」が直接言及されていないことに注意したい。両者は語源に近い意味で「ヴァナキュラー」の概念をとらえているのだ。すなわち、vernacular（＝「土地固有の言葉」）、さらにさかのぼって、ラテン語の vernaculus（＝「家で生まれた奴隷」）として。

非職業性と非商品性

では、そろそろ『驚異の工匠たち』を具体的に分析しよう。ここでも伝統性・地域性はひとまず括弧に入れる。するとルドフスキーの描くヴァナキュラー建築の特徴として、「非職業性」「風土性」というふたつのキーワードが浮かびあがる。まずは非職業性という特徴をみてみよう。

「白人の発明である賃金労働は、この村人たちの全く知らぬものであった。〔…〕小農民の建築の不朽の美は、均質化されないことにある。それは様式建築と対照的に、決してエスペラントに退化しないのである(5)」

ルドフスキーの描くヴァナキュラー建築は「建築家なし」である。そしてさらに重要なのは、それがしばしば「職人なし（非賃金労働）」でもあることだ。『建築家なしの建築（*Architecture without Architects*）』『驚異の工匠たち（*The Prodigious Builders*）』というふたつの書名はきわめて示唆的である。前者は建築から建築家を排除しており、後者では非賃金労働者である「驚異の工匠」たち――彼らはときに動物や自然の営為ですらある――が賃金労働者としての職人を追いだすのである。「建築家なし」であることは無名性、非作家性、非様式性と関連する。「職人なし」はアマチュア性、DIY（do it yourself）、非均質性と関連する。そして両者が合わさると「非商品性」という大きな特徴が生まれる――「石器時代の人は、今日家《ホーム》と呼ばれているあの壊れやすい商品を私たちがどう思っているのかと不思議がるかも知れない(6)」

「非職業的」な生産は「非商品的」な建築を生む。ここでヴァナキュラー建築が先に挙げたイリイチの説くヴァナキュラーに接近していることは重要である。建築家なし、職人なしの建築は必然的にコミュニティの成果となる。日本においても、遠いむかし茅葺き屋根がコミュニティの共同作業として葺き替えられていたように。

風土性　環境制御と現地調達

次に読みとれるヴァナキュラー建築の特徴は「風土性」である。それは具体的には「環境制御」と「現地調達」のふたつに分けて考えることができる。土地ごとの気候に適した「環境調整装置」としてのヴァナキュラー建築は、おもに第九章「ささやかな部分の重要性」で描かれている。

その典型的な事例としてバッド・ギアというパキスタンの風の塔に関する言及をみてみよう――「この装置の目的は午後の涼風をすくい取り、それを多層階の住居の隅々にまで導き入れることだった。今日ではバッド・ギアは、扇風機に圧倒されて衰退しつつある。風は、たしかに早くも昼の内に突然止んでしまうこともあることは認めなければなるまい。しかし電力にだって停電もあるのだ」

ルドフスキーは環境問題が世界的話題になる以前から、建築の環境制御装置としての側面に着目していた。しかも、彼は自然エネルギー利用の不確実性を認めながらも、そこにエネルギーインフラの脆弱性を補う可能性を見いだしていた。

一方、使用する材料の「現地調達」は、ヴァナキュラー建築の大きな特徴として『驚異の工匠たち』のいたるところで言及されている。なかでも象徴的なのは第一章「洞窟を讃えて」と第十一章「不法占拠への賛歌」であろう。そこでは洞窟や既存建物を「発見」して建築として使用する驚異の現地調達が描かれている。

近代建築への反省としてのヴァナキュラー

『驚異の工匠たち』は網羅的な本なので、そこで描かれるヴァナキュラー建築は非職業性、風土性という枠組みだけではとらえきれない。ほかにも魔術性、慣習性、非均質性、身体性、非視覚性などが本書ではとりあげられている。これらはすべて西洋の様式建築や近代建築の美学とは相反するものである。『驚異の工匠たち』で描かれるヴァナキュラー建築と近代建築を比較すると次のように明快な対応関係が見いだされる。明らかに、ルドフスキーは西洋中心主義と近代建築へのカウンター・プロポーザルとして、ヴァナキュラー建築を導入しているといえるだろう。

＊無名性、非作家性 ↕ 作家性、建築家
＊非賃金労働、コミュニティ ↕ 賃金労働職人、商品住宅
＊環境調整装置 ↕ カーテンウォール、エアコン
＊現地調達 ↕ 工業化、標準化
＊永続性 ↕ スクラップアンドビルド
＊魔術性、コスモロジー ↕ 脱魔術化、科学主義
＊非均質性 ↕ 均質空間
＊非視覚性、身体性 ↕ 遠近法、比例

積木の横領

『驚異の工匠たち』の終章には「積木願望」という一風変わったタイトルがつけられており、ルドフスキーによる近代建築批判はここでクライマックスに達する。既製品のおもちゃである「積木」は商品化・標準化・工業製品・スクラップアンドビルド・均質性を暗示する。そして「積木を与えられる子供」は近代建築家のメタファーである（彼らは「積木＝ブロック」をもてあそぶ！）。当然ルドフスキーは「積木」を批判し、ヴァナキュラーな遊びを称賛する。

現代の「積木」はルドフスキーが批判したときよりもさらに精度を増し、商品化建材として遍在化している。サイディングやクロス貼り、照明器具の無数のバリエーション……。カタログから何かを選ぶことがはたしてデザインなのだろうか、というとまどいを誰もが味わったことがあるだろう。「積木」において失われるものはつくり手＝使い手の想像力、主体性、思考である。しかし現代の建築家にとって、あらゆる「積木」を避けることは不可能である。ならば「積木」を日常の造形的実践のために「横領」し、つくり手＝使い手の主体性回復をめざすべきではないだろうか。(7)

このような認識を背景としてヴァナキュラー建築の可能性を考えていきたい。以下では、現代的状況と対応させ、「インダストリアル・ヴァナキュラー」「コマーシャル・ヴァナキュラー」「サステイナブル・ヴァナキュラー」「ヴァナキュラーなまちづくり」という四つの展開を簡潔に素描してみたいと思う。

インダストリアル・ヴァナキュラー　工業製品の民主化へ

「近代社会のヴァナキュラーとは、日常的な都市景観のなかで生みだされていく。それならば、ごく普通の産業施設という意味でインダストリアル・ヴァナキュラーという言葉も可能かもしれない」[8]（三宅理一）

現代社会において日常的なものとなった工業製品によってつくられる産業施設や商品化住宅は現代におけるヴァナキュラーな建築といえる。既製品を寄せ集めたようなゲーリー自邸は、現代住宅の生産現場の状況を批評的に表現したインダストリアル・ヴァナキュラーの先駆的事例といえるだろう。

しかし近年、工業製品自体が変質してきた。コンピュータと接続したデジタル工作機械の進化により、標準品と特注品における生産上の手間の差は小さくなり、コストをかけずして多品種少量生産をおこなえるようになってきた。また、ＢＩＭ（Building Information Modeling）をはじめとするデザインツールの進化が連動することで、ゲーリー・テクノロジー[9]が関わる近作にみられるように、複雑な形状の建築の実現も可能になってきた。

また、「ファブラボ」[10]のように三次元プリンタやカッティングマシンなどの工作機械を備えた一般市民のためのオープンな工房と、その世界的なネットワークをつくる試みも始まっている。大量生産やマーケットの論理から「ものづくり」を解放し、市民ひとりひとりがみずからほしいものをつくりだせるようになる社会――工業製品の民主化――は、かつてのヴァナキュラーな世界そのものかもしれない。

コマーシャル・ヴァナキュラー　資本主義的形象の再魔術化

「皮肉な事実がある。それは、近代建築家が一方では遠く離れた昔からのヴァナキュラーな建築を賞味しつつ、合衆国に現在あるヴァナキュラーな建築、たとえば一般建築業者の手になるレヴィットタウンのヴァナキュラーとかルート66沿いの商業的ヴァナキュラーなどを蔑視している、ということである(11)」

『ラスベガス』においてヴェンチューリはこのように語り、ルドフスキー的なヴァナキュラー建築にあからさまな敵意を見せ、戦後アメリカに生まれたコマーシャル・ヴァナキュラーに目を向けるべきだと主張している。ルート66やラスベガス、あるいはレヴィットタウンに展開されたようなシンボリズムに満ちあふれる小市民テイストのハリボテ建築は、キッチュであろうともアメリカが生んだヴァナキュラーにほかならないとヴェンチューリは考える。そして彼はこのコマーシャル・ヴァナキュラーをポップ・アート的に建築的表現へと昇華させることをめざした。このように資本主義的形象を再魔術化させる方法論は、現代においてはレム・コールハースの「ジャンクスペース」と彼の建築作品（たとえば石膏ボードをアラワシ仕上げとするプラダの店舗デザイン）に引き継がれている。

サステイナブル・ヴァナキュラー　「風土的建築」から、サステイナブル建築へ

土地ごとの気候に適した「環境調整装置」としてのヴァナキュラー建築は、現代において「エコテック(12)」をはじめとするサステイナブルな建築へと引き継がれている。カーテンウォールやエアコ

ンによって閉鎖環境をつくり、エネルギーを使って均質な環境に保つという近代建築の考えは、地球資源の有限性の問題に直面し再考を余儀なくされた。大規模建築や超高層は機械設備による制御を前提に成立している。しかし、土地ごとの気候に適したパッシブな手法、または再生可能エネルギーを利用した発電技術によって、その機械設備の負担率を小さくすることはできる。3・11東日本大震災以降、これらの手法は省エネルギーのみならず、BCP（Business Continuity Plan）などの非常時対策という面でも重要性が増してきている。

また、「現地調達」という概念は、生産から廃棄までのCO_2排出量全体の指標である「$LCCO_2$」や、材料輸送にかかるエネルギーを考慮する「輸送マイレージ」という概念となって現代に受け継がれている。また、スクラップアンドビルドへの反省として近年積極的におこなわれるようになった既存建築のコンバージョン・リノベーションも現地調達のひとつといえるだろう。

ヴァナキュラーなまちづくり　トップダウンの都市計画から住民参加のまちづくりへ

長い年月をかけてヴァナキュラーな建築が集合すると独特の景観を形づくる。『驚異の工匠たち』で描かれる集落はいずれもユニークで環境と調和している。しかし、現代建築家がそれをゼロから創造することは可能だろうか。この困難な問いに対するヒントを得るために、『驚異の工匠たち』と松村秀一『「住宅」という考え方』から、ふたつの例を挙げてみたいと思う。

ルドルフスキーは述べる――「ティーラ島の住居は不規則に建ち並んでいる。〔…〕一九五六年の激烈な地震が、それらをほとんど壊滅させてしまった。〔…〕地震の後で、全く別の次元の災害が、余震のようにこの島を襲った。〔…〕それは〔…〕建築家の大波の流入であった。〔…〕地方的風土性を流線型化した新型住宅は結局不成功に終った」[13]

他方、松村は述べる——「この研究はレヴィットタウンが決して「インスタントな町」や「ブームタウン」や「低級で画一的な環境」とはならなかったことを明らかにしている。〔…〕住宅群という点からも世代構成という点からも「画一的」とは呼びようのないコミュニティとなっていた」[14]

ティーラ島の復興住宅における建築家の失敗は、その土地の特性が生んだ「コスモロジー」や「非均質性」の計画不可能性を示している。一方、画一的な計画の代名詞とされていたレヴィットタウンに展開した「多様性」は、住民がみずから建築、ひいては都市をつくることに参加することの可能性を示している。無名性や非作家性、コミュニティの成果というヴァナキュラーの特徴について再考することは東日本大震災の復興計画、今後の日本の都市計画、まちづくりのあり方を考えるうえでも有用だろう。

現代のヴァナキュラー

以上、駆け足であったが、現代における「ヴァナキュラー」の展開をみてきた。繰り返しになるが、ただ近代建築を否定するだけではヴァナキュラー建築は懐古主義にとどまり、現代的な社会性・創造性を獲得することはできない。「積木（＝近代技術）」を「横領」し、工業化・商品化・環境問題・グローバリズムといった現代的要件を前提とすることが「現代のヴァナキュラー」を考えるスタート地点になるだろう。

注

（1）R・ヴェンチューリ『ラスベガス』石井和紘、伊藤公文訳、鹿島出版会、一九七八年、二〇一ページ。
（2）「SITE ZERO/ZERO SITE」No.3「特集＝ヴァナキュラー・イメージの人類学」メディア・デザイン研究所、二〇一〇年。
（3）前掲書、鼎談・岡田温司＋前川修＋門林岳史「「ヴァナキュラー」という複数性の回路」。
（4）前掲書、田中純「建てる主体の無意識」。
（5）B・ルドフスキー『驚異の工匠たち——知られざる建築の博物誌』渡辺武信訳、鹿島出版会、一九八一年、二八八ページ。
（6）前掲書、一二ページ。
（7）民衆の日常的実践としての「横領」の概念については、ミシェル・ド・セルトー『日常的実践のポイエティーク』を参照。
（8）三宅理一「インダストリアル・ヴァナキュラー」、「新建築」一九八三年五月号。
（9）Gehry Technologies 社はゲーリーが設計に用いる技術をビジネス化するため二〇〇二年に設立された、ソフトウエア技術を提供する会社である。
（10）FabLab などの、近年のパーソナル・ファブリケーションについては下記特集を参照。http://10plus1.jp/monthly/2011/05/
（11）ヴェンチューリ、前掲書、二〇二―二〇三ページ。
（12）一九九〇年代になって勃興したサステイナブル・デザイン運動を受けて、ハイテック建築家は技術の高度化を通じてこれらの条件に対処する方向へと転じた。この潮流はエコロジカルなデザインをめざすという意味でエコテックと呼ばれている。
（13）ルドフスキー、前掲書、二六一―二六六ページ。

(14) 松村秀一『「住宅」という考え方――20世紀的住宅の系譜』東京大学出版会、一九九九年。

自然と作為のデザイン論

難波和彦

一九六四年にニューヨーク近代美術館（ＭｏＭＡ）で開催されたバーナード・ルドフスキーによる展覧会「建築家なしの建築（*Architecture Without Architects*）」は、当時の建築家に大きな衝撃を与えた。その展覧会のカタログとして出版された同名の冊子は、日本でも翻訳され（一九七五年）話題を呼んだ。「建築家なしの建築」とは、無名の人々によっていわば自然発生的につくりだされたヴァナキュラー（風土的・土着的）な建築である。『驚異の工匠たち――知られざる建築の博物誌』は、写真による紹介を中心にした『建築家なしの建築』に関する詳細な解説書といってよいだろう。本書では、建築家でエッセイストでもあるバーナード・ルドフスキーが、世界中の各地で暮らした経験をもとにしてヴァナキュラーな建築を収集し、詳細な解説を加えている。ぼくたちは本書を「ヴァナキュラー、匿名性、無意識」という三つの視点から焦点を当て、現代建築のテーマとして引き寄せて読むことを試みた。

ポストモダニズムの先駆

一九六〇年代の建築家は「建築家なしの建築」からどのようなメッセージを受けとっただろうか。一九六〇年代はモダニズム建築が世界中に浸透した時代だった。日本のある建築史家が指摘したように一九二〇年代にヨーロッパで生まれたモダニズム建築はアメリカに渡って思想を失い、ソビエト連邦に渡って表現を失った。モダニズム建築の背景には社会主義思想があったが、ソビエト連邦ではその思想だけが残り、建築表現は反動的な様式主義へと転換した。一方、アメリカ経由のモダニズム建築は、思想的な内実を抜きとられたスタイル（様式）としての建築だった。その方向を決定づけたのは一九三二年にアルフレッド・バーとフィリップ・ジョンソンが企画し、MoMAにおいて開催された建築展「インターナショナル・スタイル——一九二二年以降の建築」である。この展覧会を通してモダニズム建築は国際的なスタイルとして確立され、第二次大戦後に世界の政治・経済の中心となったアメリカ資本主義とともに世界中に拡大していったのである。

一九六〇年代になると、スタイル化し教条化したモダニズム建築に対する疑問が、さまざまなかたちで提出されるようになる。「建築家なしの建築」もその動きのひとつであり、その展覧会がMoMAで開催されたことは歴史の皮肉といってよいだろう。多くの建築家は、この展覧会をモダニズム建築を相対化し補完するものとして受けとめた。ある者はモダニズム建築の国際性に対する地域性の見直しとしてとらえ、ある者はモダニズムのエリート的なアヴァンギャルディズムに対する民衆的なプリミティズムの復権としてとらえた。さらには、装飾を排除したモダニズム建築に対する装飾の復権としてとらえた者もいた。これらに共通しているのは、モダニズムがめざした絶え間ない変化と進歩に対する批判と反省である。ポストモダニズムは、モダニズムに対するそのような批判と反省から生まれた思想潮流だといってよい。「建築家なしの建築」における「建築家」とはモダニズムの建築家であり、その意味でルドフスキーはポストモダニズムの先駆者といってよいかもしれない。

変わらないものと他者へのまなざし

一九六〇年代には、建築外においても「建築家なしの建築」に連動するような思想潮流が生起している。代表的な思想はクロード・レヴィ＝ストロースを中心とする構造主義である。レヴィ＝ストロースは『野生の思考』(大橋保夫訳、みすず書房、一九七六年)において当時の思想的主流であるJ＝P・サルトルの実存主義思想を批判し、その背景にある西欧中心主義的な進歩史観を相対化した。実存主義に対峙してレヴィ＝ストロースが提唱したのは、人類に共通する文化や思考の「構造」を探究する構造主義人類学である。要するに、レヴィ＝ストロースは西欧が自認している歴史の先端ではなく、歴史の底に潜む「変わらないもの＝構造」を探りだそうとしたのだといってよい。「変わらないもの」に対する注目は「建築家なしの建築」の視点にぴたりと重なりあっている。本書の冒頭で、ルドフスキーはこう書いている。「風土的な建築は流行の変化に関わりがない。それは完全に目的にかなっているのでほとんど不変であり、まったく改善の余地がないのである」「変わらないもの」へのまなざしは、アノニマス(無名)なものへのまなざしでもある。レヴィ＝

ストロースはサルトルの歴史哲学の中心にある主体性（署名性）の思想を批判し、それに対して無名の「他者」を対置している。「構造」を生みだしたのは特定の主体ではない。構造は人間の生得的に与えられた能力によって長い時間をかけて生成されたものであり、特定の主体がそれを変えることはできない。この点はルドフスキーが唱える「建築家なし」と明らかに共鳴している。

とはいえ『驚異の工匠たち』のルドフスキーには、世界中のヴァナキュラーな建築を分類し、共通の属性を探りだそうとする博物学的な視点はあるが、レヴィ＝ストロースのようにさらに一歩踏みこんで「変わらないもの」の深層構造を探りだそうとする科学的な視点はない。ヴァナキュラーな建築に対してレヴィ＝ストロースと同じようなアプローチをとったのはクリストファー・アレグザンダーである。一九六〇年代前半にアレグザンダーは博士論文である『形の合成に関するノート』において、数学的手法を用いてモダニズムの機能主義を徹底するようなデザイン方法を追求した。しかし六〇年代後半になると、建築空間の特性を日常言語と簡単なダイアグラムによって記述し設計しようとする「パタン・ランゲージ」の方法へと方向転換する。そのためにアレグザンダーは世界中の「建築家なしの建築」を収集分析し、そこから多種多様な空間のパターンを抽出しようとした。レヴィ＝ストロースが多種多様な神話の分析を通じて、人類に共通の文化と思考の構造を探りだそうとしたように、アレグザンダーは世界中の「建築家なしの建築」から人類に共通の空間のパターンを抽出しようとしたのだといってよい。量の数学ではなく関係の数学によって対象の構造にアプローチしようとした点においても両者は共通している。アレグザンダーがアメリカ西海岸のバークレーに設立した研究・設計組織を「環境構造センター」と名づけたのは、明らかに構造主義思想を意識していたからである。

同じような動向は日本にも数多くみられた。一九六〇年代に地方の集落調査がさかんにおこなわれたのはルドフスキーの影響があったからだと思われる。早稲田大学の吉阪隆正研究室では、文化人類学的な集落調査をおこなっていた。もっとも印象に残っているのは、東京大学生産技術研究所の原広司研究室が展開した世界中の集落調査である。原研究室が追究した集落の空間構成に対する数学的なアプローチは、レヴィ＝ストロースやアレグザンダーの方法と明らかに共通する視点からなされたものだった。「SD」誌にまとめられた一連の調査記録は若い建築家たちに広く読まれ、ヴァナキュラーな集落への新しい視点を教えた。その後、原広司は日本の集落調査も精力的におこない、世界中の集落調査から学んだことを『集落への旅』（岩波新書、一九八七年）や『集落の教え100』（彰国社、一九九八年）にまとめている。

ポップカルチャーと都市へのまなざし

「建築家なしの建築」は過去あるいは地域のヴァナキュラーな建築へのまなざしだけではなく、現代における大衆的な建築へのまなざしとも結びついていた。この潮流はモダニズムに対するふたつの反省から生じた。ひとつは、モダニズムの社会主義的思想にもとづいてアメリカ国内で大量に供給された低所得者層のための集合住宅の多くが荒廃しスラム化したことに対する反省である。もうひとつは、モダニズムがスタイル化を通じて当初の大衆の建築からエリートの建築へと転じていったことに対する反省である。さらにこの潮流は、モダニズム建築が表現のスタイル化と同時に純粋化をめざし、装飾を排除したことに対する反動でもあった。このような動向を先導したのは、ポストモダニズムの先駆者であるロバート・ヴェンチューリである。彼は『建築の多様性と対立性』（*Complexity and Contradiction in Architecture*, 1966）において建築の本流であるヨーロッパの古典建築が「多様性と対立性」にあふれていることを明らかにし、過度な純粋化とスタイル化によって当初の力を失い貧血気味になったモダニズム建築を批判した。それはモダニズムの巨匠ミース・ファン・デル・ローエが唱えた「Less is more」に対してヴェンチューリが対置した「Less is bore」という警句に象徴的にあらわれている。ヴェンチューリはさらに『ラスベガス』（*Learning from Las Vegas*, 1972）においてラスベガスとローマを比較しながら、自動車と巨大な看板にあふれたラスベガスの記号的な都市空間はその現代性においてかつての古代ローマに匹敵すると主張した。現在から振り返るといささか牽強付会な論理とはいえ、アメリカ社会におけるハイカルチャーからポップカルチャーへの移行にいちはやく注目した先駆的な視点だったといってよい。建築の記号性に注目し、形態の自律性を明らかにすることによって、「形は機能に従う」というモダニズムの機能主義を反駁したのもヴェンチューリの功績である。両著に共通してみられるヴェンチューリの反語的でアイロニカルな発想は世界中の若い建築家たちに大きな影響を与え、一九六〇年代末になるとポストモダニズム運動としてひとつの潮流を形づくるようになる。ポストモダニズムは歴史的な建築の様式や装飾を再評価しただけではなく、現代の大衆文化＝ポップカルチャーへのまなざしを生みだした。それはポップアートのように大衆的な建築をデザインするだけではなく、都市に存在するありふれた匿名的な建築のなかに新しいデザイン言語を探りだそうとする運動でもあった。ヴェンチューリ夫人のデニス・スコット・ブラウンは社会学者であり『ラスベガス』の共著者でもあるが、彼女の社会学的な視点はヴェンチューリの建築観にも大きな影響を与えている。それはありふれた都市の街並みに関する彼のもうひとつの有名な警句「Main street is almost alright」にあらわれている。そこには都市のありふれた街並みに対する愛情が込められている。

このようなポストモダニズムの潮流は一九七〇年代の日本の建築界にも大きな影響を与えた。しかしながら一九七〇年代の日本の建築界では、一九六〇年代のメタボリズムや一九七〇年の大阪万博に対する反動から都市に対する興味が急速に失われたために、歴史様式や装飾に向かうポストモダニズムの記号的で表層的な傾向だけが受け入れられ、ヴァナキュラーでポップな都市の街並みに対する社会学的な視点は捨象されることになった。

自然と作為

「建築家なしの建築」には建築の「起源 origin」にさかのぼろうとする意図がある。建築は人類の発生時から存在しているので、起源への遡行は同時に「原型 archetype」への遡行でもある。もう一歩踏みこめば、起源や原型への遡行の底には人間の「作為 intention」による「創作」ではなく「自然 nature」による自然発生的な「生成」を確認したいという期待が隠されている。つまり「建築家なしの建築」には、たとえ人間によってつくられたものであっても、建築家の設計のような意図的な行為によってではなく、与えられた風土的な条件のなかで、自然発生的に生成された建築という含意が隠されている。これは、かつて本居宣長が「漢意《からごころ》」による「作為」に対置した「やまとごころ」による「自然《じねん》」に似ている。宣長は「自然と作為」という対比によって、作為のない日本の文化の自然性を称揚したのである。

しかしながら「自然と作為」という対比には、免れることができない陥穽がある。「自然と作為」という対比それ自体が「作為」によってつくりだされた概念だからである。「建築家なしの建築」にも同じような矛盾が隠されている。『建築家なしの建築』は写真と簡単なコメントだけによって構成され、『驚異の工匠たち』では博物学的な説明が淡々と繰り返されているだけであるのは、ルドフスキーが自然的な建築に関して作為的な説明を避けようとしたからかもしれない。しかし、レヴィ゠ストロースやアレグザンダーは明らかにその一線をこえている。彼らは自然《じねん》の構造を作為的に明らかにしようとしているといってよい。レヴィ゠ストロースに対して「主体なきカント主義」という批判が浴びせられたのは、人間の思考に「構造」が潜んでいるとしても、レヴィ゠ストロースの理論のなかにはそれを外界に適用する主体がどこにも存在しないからである。ジャック・デリダは、レヴィ゠ストロースこそが「構造」の適用者ではないかとさえ言っている。一方、自然発生的な都市や集落に隠された「構造」を明らかにしようとするアレグザンダーについて、柄谷行人はこう言っている。

「アレグザンダーは、たんにより人間的で生きられる都市空間を作ろうとしてプラニングに反対した人たちと、一つの点において決定的にちがっている。それは、彼が自然都市をいわば「自然が作った都市」として見たことである。それは、人工に対する自然の賛美ではまったくない。そもそも都市は自然ではないのだから。プランナーたちの建築的な企てを批判しているにもかかわらず、アレグザンダーは、都市を徹底的に「建築的」に考えたのである。もしプラトンの哲学者＝王が隠喩としての建築家（都市設計者）にもとづくものであり、それが二〇世紀のモダニストにおいて典型的にあらわれたとすれば、アレグザンダーの批判はそのことの不可能性を証明したことになるだろう。だが、彼の方法はプラトニックな建築への意志をつらぬいている。それは、人工の外部としての「自然」という幻想に訴えるのではなく、人工的なものの中で、その「外部」をネガティヴに示すのである。〔…〕ここでアレグザンダーがやっているのは、セミ・ラティスのような、集合の順序的構造である」（『定本柄谷行人集2　隠喩としての建築』岩波書店、二〇〇四年、六二―六三ページ）

アレグザンダーはこのコメントを承認しないだろう。しかしアレグザンダー自身がどう考えようとも、環境のなかに潜む「構造」を探りだし「パタン・ランゲージ」にまとめあげることは、柄谷のいうように「自然」を「作為」によってつくなおすことにほかならない。私見では、この矛盾をアレグザンダーは自覚していたように思われる。パタン・ランゲージを用いて盈進学園東野高校キャンパスを設計していたとき、彼は参加メンバーに対して、パタン・ランゲージを忘れるように何度も繰り返し主張していた。パタン・ランゲージに共感して参加した建築家たちは、それを聞いて一様に当惑した。彼らはパタン・ランゲージの方法に隠されている「自然と作為」のパラドクスを理解できなかったからである。

『パタン・ランゲージ』は環境を語り、つくるためのパタン（造型言語）の「辞書」であり、『時を超えた建設の道』はパタン・ランゲージによって環境を形成するための「文法」である。文章を書く際にいちいち辞書を引き、文法を気にしていたのでは自然な文章を書くことはできない。辞書と文法が身体化され、視界から消え去ったとき、はじめて豊かな文章を書くことができる。まったく同じことだが、いちいち『パタン・ランゲージ』をチェックし『時を超えた建設の道』を参照しているようでは、豊かな環境をつくることはできない。ではどうすればいいのだろうか。ひたすらパタン・ランゲージを使いつづけること。それによってパタン・ランゲージに慣れ、それを身体化すること。それ以外に方法はない。作為を反復し、それを突き抜けることによってしか自然に到達することはできない。作為を自然《じねん》に結びつけるのは作為の反復だけである。それは時間をかけて意識を無意識へと沈め、身体化することだといってもよい。

この視点からいえば、「建築家なしの建築」は自然発生的な建築というよりも、名前は記録されていないが優秀なクリエーターがデザインした建築が人びとに共有され、長い時間をかけて洗練されていった建築と考えるべきではないだろうか。それはアノニマス（無名）な建築というよりも、インコグニート（匿名）な建築と呼ぶべきだろう。そのように考えれば、現代においても「建築家なしの建築」は存在しうるし、新しいテクノロジーによるインダストリアル・ヴァナキュラーの可能性も見えてくるのではないかと思う。

J・J・ギブソン『生態学的視覚論』を読む

知覚の多様性と対立性

岡崎啓祐＋光嶋裕介

はじめに

「イメージは無意識に形成される」

わたしたちの日々の活動は、感覚器官を通じて身のまわりの環境からの刺激を獲得し、その刺激を情報（意味）として整理することで成り立っている。しかし、外部の環境から受けとった刺激をある特定の意味に置き換えるプロセスについて、意識的に把握している人間がどれほどいるのだろうか。わたしたちは地面を見て「地面」を認識し、椅子を見て「椅子」を認識する。これら一連のプロセスのなかで、物を認識する過程は自動化され、その認識に対応した行為だけがおこなわれる。つまり、わたしたちが把握できるのは行為という結果だけであり、物の認識のプロセスは原則的に無意識的な行為なのではないだろうか。

今回とりあげる『生態学的視覚論』は、心理学者J・J・ギブソンによって一九七九年に発表された著作であり、知覚と認識のプロセスについての理論、「アフォーダンス理論」が提唱されている。著者によると生物の知覚のプロセスとは、獲得した情報を脳内で特定の意味に変換するプロセス（間接知覚と呼ばれる）ではなく、意味はすでに環境のなかに埋めこまれており、それを直接獲得することによって知覚をおこなうプロセス（直接知覚と呼ばれる）なのである。

J・J・ギブソンによる知覚のプロセスをたどることにより、わたしたちが環境からいかに情報を受けとるかについて学習し、建築的な分析、手法に還元させることが本論の最終的な目標である。

知覚理論の主観性と客観性

まず、人が物を認識する仕組み、もしくは物を知覚する仕組みについて、歴史的な流れを概観することから始めたい。

古くから、哲学の領域において人間の認識は主要なテーマであった。認識の起源を人間の理性によるものとした合理主義、同じくその起源を人間の経験によるものとした経験主義、そして人間の先験的な枠組みにもとづき、外界の認識をおこなっているとしたカントの認識論。カントの『純粋理性批判』によると、わたしたちがなんらかの物を認識するとき、各個人はそれぞれ内面にもっている「枠組み」にもとづいてその物を見ているという。その「枠組み」をはずした「物自体」については、わたしたちは認識することはできない。いいかえると、認識の枠組みをこえた領域については、それに対する認識能力が十分に発揮されないという意味において、主観に重きを置いた知覚理論といえる。

知覚の主観性、環世界論より

二十世紀前半の生物学者ヤーコプ・フォン・ユクスキュルは生物学の領域から、カントと同様、主観に重きを置いた知覚理論を提唱した。著書『生物から見た世界』において、ユクスキュルは種に特有の知覚プロセスがあることを明らかにした。

ユクスキュルは、あらゆる生物は生得的に自分専用の「知覚標識」をもつという。生物が知覚する刺激は自分の知覚標識に当てはまる刺激だけであって、それ以外の刺激は知覚されることはない。たとえばウニの知覚標識は数段階の圧刺激と科学刺激が組み合わさっただけなので、外界に漂う物や生物の外形についての刺激は知覚しない。生物の知覚はみずからの知覚標識にもとづく情報に制限されており、その制限された情報群で構成された世界のことをユクスキュルは「環世界」と呼んだ。そして知覚標識を介していない客観的な世界（カントで言うと、いわゆる「物自体」のような世界）は、生物によって認識されることのない存在であるとした。

わたしたちが見ている世界が個人の知覚標識にもとづく環世界だとするならば、自分が見る世界と他人が見る世界は別のものである可能性がある。自分の認識している世界と他人が認識している世界があまりにも異なるとき、それは一見不思議な様相に見えることから、そのような状況をユクスキュルは「魔術的世界」と呼んでいる。ユクスキュルの環世界論とは主観的知覚理論であり、明快な知覚プロセスを説明する反面、その主観性ゆえに他者との認識の共有が困難となる理論であった。

知覚の客観性、アフォーダンス理論より

一方、J・J・ギブソンの提唱する「アフォーダンス理論」は、カントやユクスキュルとは反対の考え方の知覚理論である。ギブソンが着目していたのは運動中の視知覚である。一般的な視知覚の理論が静止状態を前提として考えられていたのに対し、現実的な視知覚は運動状態でおこなわれるのがふつうだ。観察者の動きに合わせて視点は変動し、物から発せられる光もそれに伴い変化する。にもかかわらず、観察者がそれを同一の物として知覚するのはなぜなのか？　ギブソンの出した考えはこうだ。人間は無数の光のなかで生活している（「包囲光」）。人間の視知覚は一方向の光ではなく、そのような無数の光の束によって引き起こされる。人間は、無数の光の束から特定の性質を持った光の束を抽出し、それによって物を特定することができる。

そのようなプロセスは、光自体に特定の性質をもたせるようななんらかの情報が内在していることによってはじめて成り立つものである。そのような情報がないかぎり、他の光の束と特定の光の束とで区別がつかない。光の情報とは、それが反射した物の情報にほかならない。つまり、わたしたちは頭で考える以前に光を通じて外部の環境の情報を受けとり、同時にそれになんらかの意味を見いだしていることになる。

たとえばある場所の床に段差がついている場合、観察者が受けとる情報はその段差の高さに応じてさまざまなものになることが予想される。二〇〇ミリの場合は「障害物」として、四〇〇ミリの場合は「座れるもの」として、七〇〇ミリの場合は「机のようなもの」として、もっと高い場合は「壁」と認識されることもあるかもしれない。表面のテクスチャーにもよるが、観察者はみな共通

の物理的条件から共通の内容を情報として無意識的に引き出している。つまり観察者が知覚するのはユクスキュルのような自己の知覚標識にもとづいた刺激ではなく、環境に内在する情報であり、それは不特定多数の人間のあいだで共有することのできる情報なのである。

R・ヴェンチューリとコンテクスト論

またギブソンは、芸術作品の制作に関して、アフォーダンス理論の側面から独自の分析をおこなっている。

「絵画制作者達は、情報を特殊な形で人為的に表示することによって、何世紀にもわたり我々を試してきたのだということをここで指摘できる。彼らは、情報を、豊富にしたり貧弱にしたり、蔽い隠したり明瞭にしたり、あいまいにしたり一義的にしたりする。同じディスプレイの中に、多義性とか矛盾とかの情報の食い違いを作り出そうとすることもよくある」（古崎敬ほか訳、サイエンス社、一九八五年、二五九ページ）

芸術家は、わたしたちが無意識的に知覚している環境に、なんらかの情報操作を加えることにより、そこに新たな意味を生みだそうと試みる。わたしたちはそこに新たな知覚を得ることにより、その芸術に感銘を受けるのである。

建築においても、そのような操作は存在する。R・ヴェンチューリによる『建築の多様性と対立性』は、純粋性、均質性に向かうモダニズム建築に対し、「混成品」や「曖昧性」などの価値観を導入し、その後のポストモダニズム建築を牽引する役割を担うこととなった著作である。R・ヴェンチューリは建築における意味とコンテクストの重要性にふれており、その点において本論との連続性を感じさせる。

「ゲシュタルト心理学によれば、文脈《コンテクスト》が部分に意味を与え、文脈上の変化が意味上の変化の因をなすという。それに従えば、建築家は部分を組織することにより、意味を発生する母体としての文脈を作り出すのだ。慣習的な慣習にはずれて組み合わせることによって、新しい意味を生み出すとも可能である。慣習を非慣習的に用いたり、見慣れたものを見慣れないやり方で組み込んだりして、文脈に変化をもたらすことが出来る。さらに、新しい効果を得るために昔ながらのやりかたを用いることさえできるのだ。なぜならば、見慣れぬ文脈上の見慣れぬものは、感覚的に古くもあるが新しくもあるからである」

R・ヴェンチューリによるコンテクストと意味の相関関係に関してのこの見解は、意味がコンテクスト（環境）に依存しているという点で、建築論とアフォーダンス理論の共通性を示唆している。R・ヴェンチューリの主張のとおり、建築の価値の一要素として多様性と対立性を考えるとき、それは同時に知覚の多様性と対立性を考えることでもある。価値ある建築は、いろいろな知覚のレベルや知覚の組み合わせを喚起する。その空間や要素はさまざまな知覚のされ方、知覚の仕方が同時に可能なのである。

新たな知覚の発見に向けての仮説

右に見てきたとおり、コンテクストを巧妙に変化させることで、環境に対し新たな知覚を生みだし、環境に内在する意味を豊かにすることができるだろう。そしてコンテクストの変化とは、慣習(無意識的事象)と非慣習(意識的事象)とのパターン変化によって達成することができるのである。

慣習と非慣習の関係性を、構法のレベルで応用した事例として、ヘルツォーク&ド・ムーロンによるドミナス・ワイナリー(一九九七年)があげられるだろう。この建物の外壁に使用される岩は、じつはスイスの高速道路で斜面を固めるために使用されるガビオンである。ガビオンに対して、われわれは慣習的に「地面」を意味する物として知覚している。しかしこれを外壁に用いることで、ガビオンの岩の隙間に漏れる光や岩の質感、大きさ、肌理に対して新たな情報＝意味を発見し、それを通じて新たな知覚を呼び覚まされるのである。

また、慣習と非慣習の関係性を、色や質感のレベルで応用した事例としてザウアブルッフ・ハットンによるベルリン官庁街の消防・警察署(二〇〇四年)があげられるだろう。これは、十九世紀のレンガ造の既存建物を増築した複合建築物である。外壁に使用される素材は、ところどころに開閉機構を備えたシングルカラーガラスである。ガラスは緑系の数色と赤系の数色で構成されており、その配色には共通に読みとり可能な文脈がある。象徴としての警察(緑)と消防(赤)の紋章の色と、敷地の考察からくるプラクティカルな周辺の木々(緑)や既存の建物のレンガ(赤)の色から引用されている。レンガと周辺の木々が同系色の色彩であるものの、カラーガラスという対照的な質感を伴うことで環境に調和している印象と、環境から際立たせている印象が共存するような感覚を与えられる。それは、レンガや木々には存在しないガラスの光の反射効果、または光の透過効果によって新たな知覚が生みだされているからにほかならない。

また建築物ではないが、現象的なレベルで応用した事例として、オラファー・エリアソンによる一連のインスタレーション作品があげられるだろう。とくに二〇〇三年、テートモダンでおこなわれたウェザー・プロジェクトは、その代表的な作品といえる。テートモダンの巨大なタービンホールの天井に鏡を貼り、吹き抜け空間を霧で充満させ、巨大な半円形の発光体を天井に接する壁面に組みあげることで、エリアソンは人工的な太陽を再現した。そこに漂う空気感はまぎれもなく屋外空間のものなのに、そこは屋内という入れ子状の不思議な感覚を呼び起こす作品である。そこには、わたしたちが慣習的に見ている夕陽とは似て非なるものが立ちあがることで新しい知覚が刺激されるのだ。

最後にこうした視覚的な知覚のコンテクストをこえた位相での建築デザインにおける可能性についても少し言及したい。われわれの身体には、数値化（言語化）不能なものに対する内的な知覚標識も備わっているはずである。建築に宿る時間の歴史（他者性）を感受する能力もそのひとつといえよう。一本の柱でも、真新しいものと百年前の民家のそれとでは、伝達される「物語」の豊かさには大きな違いがある。「気配を感じる」であるとか、見えないものが見えるというような実際の情報だけではなく、想像の産物かもしれない計測不可能な情報に対してさえも、設計におけるひとつの要因として取り込められないだろうか。こうした第六感的なものはそれぞれの「環世界」を拡張することはあっても、共有可能性が低いだろう。すごく私的なものであるがゆえに、個別な物語として建築デザインに与えうる新しい豊かさのヒントが隠れているように思えてならない。

生態学的建築論をめざして

難波和彦

建築家にとって、建築は表現の手段であると同時に目的でもある。建築家は自分がデザインした建築を通して人びとにメッセージを伝え、建築によって人びとの行動に影響をおよぼそうと試みる。そして最終的には、人びとがその建築を称賛することを期待する。つまり、建築家にとってもっとも重要な問題は、みずからがデザインした建築が社会にどう働きかけ、社会がそれをどう受けとめるかということである。

建築にかぎらず、なんらかのモノをデザインする専門家にとって、〈主体〉は建築やモノであり、人びとや社会は建築やモノが働きかける〈対象〉としてとらえられる。〈主体＝建築〉→〈対象＝社会〉というとらえ方は建築家やデザイナー特有の思考の基本的構図といってよい。

最近、都市問題について社会学者と建築家が話し合う機会が多くみられるようになったが、総じて議論がすれちがいに終わることが多い。そのおもな要因は、社会学者は建築家とはまったく逆に、社会のほうがあくまで主体であり、建築のほうを社会が働きかける対象であるべきだと考えるからである。あらためて考えてみれば、社会学者のとらえ方のほうが常識的であることはいうまでもない。そのことは建築家も十分に理解しているはずである。にもかかわらず、建築家の無意識の底には〈主体＝建築〉→〈対象＝社会〉という構図が深く根づいているように思われる。

〈刺激→反応〉図式

大学の建築学科で建築デザインの教育や研究に携わった経験からわかったことがある。それは、〈主体＝建築〉→〈対象＝社会〉という図式は建築教育においても隠れた前提になっていることである。たとえば、すばらしい建築が人びとに感動を与えるのは感動を与えるような特性が建築のなかに存在し、それが人びとに働きかけるからであると考えるのはごくふつうの発想だろう。これこそが〈建築の特性〉→〈人びとの感動〉という図式なのである。この図式にしたがうならば、建築デザインとは、人を感動させるような特性を建築に付与することであり、建築の研究とはそのような建築の特性を明らかにすることである、という結論に導かれる。けっして表立って表明されることはないが、この図式は建築教育の根底に潜んでいるように思われる。

心理学では、このような考え方を〈刺激→反応〉図式と呼んでいる。それを一般化すれば、物理学における〈原因→結果〉図式にまで敷衍できるだろう。日本の大学では建築学科は工学部に置かれているので、この図式はきわめて好都合である。なぜなら、この図式にしたがえば建築のデザイン教育や研究に工学的な方法を適用できるからである。たとえば建築空間内での人間の行動に関する計画学的な研究や、建築に対する人間の感情に関する環境心理学的な研究、さらには与えられた機能プログラムを満足するようなデザインを求める設計製図の課題においてさえ、この図式が暗黙のうちに適用されている。工学的な研究論文では客観性が重要な評価基準となるので、〈刺激＝原因〉→〈反応＝結果〉の図式は、論文をまとめるうえではもっともふさわしい論理形式なのである。

コペルニクス的転回

東京大学では、大学二年生までは駒場の教養学部で学び、専門課程に進むのは二年生の後期からである。建築学科に進学するかどうか迷っていたぼくは、建築の働きを人並みに〈刺激→反応〉図式によってとらえていた。そのような通説に根本的な疑問を投げかけたのは教養課程で学んだイマヌエル・カントの『純粋理性批判』である。カントの認識論によって建築に関する〈刺激→反応〉図式は完全に覆された。

カントによれば、そもそも建築を成立させている「空間」や「時間」でさえ外界に実在する客観的事象ではなく、人間の生得的な、つまり人間が生まれつきもっている「認識の図式」（カントは「カテゴリー＝範疇」と呼ぶ）を、外界に当てはめることによって生みだされる人間独自の事象なのである。したがって他の生物は、人間とは異なる空間や時間をもっていることになる。たとえば『生物から見た世界』は『純粋理性批判』の約百五十年後に書かれた本だが、そこで著者であるユクスキュルはこう主張している。

「時間はあらゆる出来事を枠内に入れてしまうので、出来事の内容がさまざまに変わるのに対して、

郵便はがき

料金受取人払郵便

本郷局承認

7914

差出有効期間
平成28年9月
1日まで

113-8790

東京都文京区
本郷5丁目32番21号

505

みすず書房営業部
行

通信欄

(ご意見・ご感想などお寄せください．小社ウェブサイトでご紹介させていただく場合がございます．あらかじめご了承ください．)

読者カード

みすず書房の本をご愛読いただき，まことにありがとうございます.

お求めいただいた書籍タイトル

ご購入書店は

新刊をご案内する「パブリッシャーズ・レビュー みすず書房の本棚」（年4回 3月・6月・9月・12月刊，無料）をご希望の方にお送りいたします.

（希望する／希望しない）

★ご希望の方は下の「ご住所」欄も必ず記入してください.

「みすず書房図書目録」最新版をご希望の方にお送りいたします.

（希望する／希望しない）

★ご希望の方は下の「ご住所」欄も必ず記入してください.

新刊・イベントなどをご案内する「みすず書房ニュースレター」（Eメール配信・月2回）をご希望の方にお送りいたします.

（配信を希望する／希望しない）

★ご希望の方は下の「Eメール」欄も必ず記入してください.

よろしければご関心のジャンルをお知らせください.
（哲学・思想／宗教／心理／社会科学／社会ノンフィクション／
教育／歴史／文学／芸術／自然科学／医学）

（ふりがな） お名前　　　　　　　　様	〒
ご住所　　都・道・府・県　　　市・区・郡	
電話　（　　　　）	
Eメール	

ご記入いただいた個人情報は正当な目的のためにのみ使用いたします.

ありがとうございました. みすず書房ウェブサイト http://www.msz.co.jp では刊行書の詳細な書誌とともに，新刊，近刊，復刊，イベントなどさまざまなご案内を掲載しています. ご注文・問い合わせにもぜひご利用ください.

時間こそは、客観的に固定したものであるかのように見える。だが、いまやわれわれは、主体がその環世界の時間を支配していることを見るのである。これまでは、時間なしに生きている主体はありえないと言われてきたが、いまや、生きた主体なしに、時間はありえないと言わねばならないだろう。次章では、空間にも同じことが言えることがわかるであろう。生きた主体なしには、空間も時間もありえないのである。これによって生物学は、カントの学説と決定的な関係を持つことになった。生物学は、環世界説で主体の決定的な役割を強調することによって、カントの学説を自然科学的に活用しようとするものである」（ヤーコプ・フォン・ユクスキュル、ゲオルク・クリサート『生物から見た世界』日高敏隆、羽田節子訳、岩波文庫、二〇〇五年）

カント＋ユクスキュルの主張を敷衍すれば、異なる認識図式をもった人は、異なる認識内容をもつということになる。つまり、見る目（認識の図式）をもたなければ見るべきものも見えないのである。その意味で〈刺激→反応〉図式は特殊な認識図式のひとつにすぎない。カントも『純粋理性批判』のなかで「因果関係」はひとつの認識図式だといっている。その図式を当てはめるかぎり、外界はそのようなものとしてしか見えなくなる。これはル・コルビュジエが『建築をめざして』で指摘した「ものを見ない眼」を連想させる。十九世紀の建築家が近代技術の発展を建築の可能性を拡げる契機として受け入れることができなかったのは、技術を建築の表現を左右する要素としてとらえるような眼、すなわち認識図式をもたなかったからである。

ぼくは『純粋理性批判』を読んで以降、カントが提唱した〈刺激→反応〉から〈図式→認識〉への転換、すなわち「認識の受動性から能動性へ」というコペルニクス的転回に完全に魅入られた。

それ以来、カントの有名な箴言「内容なき思考は空虚であり、概念なき直感は盲目である」は、建築を学ぶ際の座右の銘になった。後にこのようなカント的思考は児童心理学における認知の成長や学習プロセス、突然変異と淘汰を通じた生物の進化プロセス、フロイトの精神分析理論、レヴィ＝ストロースの構造主義人類学における思考の構造、グレゴリー・ベイトソンの生態学的な認識論、脳科学や認知科学といったさまざまな所見を学ぶことを通じて、以下のような考え方へと修正され、収斂していった。すなわち「認識とは、環境の物理的な様相と、人間の脳内パタンとの相互作用によって生みだされる精神生態学的な現象である」。そして、その延長線上で出会ったのがギブソンの『生態学的視覚論』である。

生態学的不変項

ギブソンが提唱するアフォーダンス理論によれば、知覚とは生物が感覚器官を通じて環境との相互作用をおこない、そのなかから「不変項」を抽出する行為である。知覚が環境との相互作用によって生みだされるという点に「生態学的」という言葉の意味が込められている。生態学的とは、たんに自然に目を向けるということではない。もっと広い視点から、環境の知覚を相互作用のシステム（関係）としてとらえるという意味である。したがって生物が知覚するのは、環境の客観的な性質ではない。そうではなく、生物にとっての「価値」や「意味」を帯びた環境の属性である。そしてその不変項がアフォーダンスなのである。この考え方は明らかにクリストファー・アレグザンダーの「パタン・ランゲージ」の理論と共通している。アレグザンダーもアフォーダンス理論を参照しているのかもしれない。

ギブソンもいうように、ゲシュタルト心理学における「ゲシュタルト」も知覚の不変項の一種である。ゲシュタルトとは、まとまったかたちとして定常的に知覚されるかたちのことである。ゲシュタルトは、人間が進化のなかで環境との長い間の相互作用を通じて「価値」と「意味」をもった不変項として抽出した一種のアフォーダンスなのである。

不変項＝アフォーダンスを弁別することが知覚であるのなら、いちいち相互作用のプロセスを自覚し、確認する必要はない。相互作用のプロセスは無意識の作用として自動化され、ブラックボックス化される。その結果、アフォーダンスは環境に外在する性質のように知覚されることになる。かくして外在するアフォーダンスが行動を誘発するという〈刺激→反応〉図式が、形を変えて出現するのである。アフォーダンスは環境から抽出された不変項であるから、本来ならば生態学的な相互作用として〈刺激↔反応〉図式と考えるべきである。しかし、アフォーダンスの能動性は自覚されにくいので、〈刺激→反応〉のように見えてしまうのである。

建築やデザインの世界で、アフォーダンス理論が受け入れられやすい要因はこの点にある。最初に述べたような、建築やモノが人間の行動を誘発するようなとらえ方ができるように思えるからである。ギブソンのテーゼ「世界にすべての知覚情報は埋め込まれている」を、生態学的な視点抜きに文字どおりに受けとめれば、〈刺激→反応〉図式が成立するように思えるのである。

この考え方を敷衍して、デザイン論を展開したのがドナルド・A・ノーマンの『誰のためのデザイン？——認知科学者のデザイン原論』（野島久雄訳、新曜社、一九九〇年）である。そこでノーマンは、アフォーダンスを環境に備わった「行為の可能性」としてとらえている。「アフォードする」ことは「デザインされたモノが特定の行為を誘発する」ことだと考えられている。これは明らかに形を変えた〈刺激→反応〉図式である。しかし、決定的な前提条件を見逃してはならない。意識的にせよ無意識的にせよ、行為者が行為をしようと環境を探索しないかぎり、環境はけっして行為をアフォードしないからである。つまり、デザインのアフォーダンスは〈刺激→反応〉ではなく、あくまで〈刺激↔反応〉という相互作用の産物なのである。

ギブソンとカント

『生態学的視覚論』の「序」で、ギブソンはこう書いている。

「私がまた読者に望みたいことは、空間の概念は何ら知覚と関係がないということである。幾何学的空間は純粋に抽象的観念である。宇宙は心象化できるが、実際に見ることはできない。奥行の手がかりは単に絵画に関係するもので、それ以上のものではない。視覚的三次元はデカルトのいう座標系の三つの軸の概念の誤用である。

空間の概念をもたない限り、我々は周囲の世界を知覚できないであろうとする説は意味のないことである。事実は全く逆である。我々は足もとの地面と空を見ない限り、何も無い空間を想像することはできないであろう。空間は神話であり、幻影であって、また幾何学者のための作りごとである。〔…〕カントが述べているような「概念なき知覚は盲目である」という独断を捨て去ることに読者が同意するならば、深刻な理論的混乱、まさしくこの泥沼は涸れることであろう」（古崎敬ほか

訳、サイエンス社、一九八五年、四ページ）

ギブソンによれば、カントが提唱する空間と時間のカテゴリーは、経験的な根拠をまったくもたない抽象的な「概念」にすぎない。これに対してアフォーダンスは、地球上に生きる生物としての人間が進化のプロセスを通じて長い時間をかけて抽出した「不変項」である。人間を包む包囲光の配列の絶え間ない変化のなかから不変項を抽出することが視覚であるという生態学的知覚論は徹底して経験主義的に思える。では、先に紹介したユクスキュルの理論は両者とどのような関係にあるのだろうか。ユクスキュルの「環世界」は経験的に実証された科学的な理論であり、アフォーダンス理論にきわめて近い。同時に、環世界論の背景にはそれぞれの生物に特有の時間と空間のカテゴリーがあるとユクスキュルは主張している。このように錯綜した三者の関係をどのように理解すればいいだろうか。

私見では、「不変項の抽出」という視点に、三者を結びつける要点があると思う。これを理解するにはレヴィ＝ストロースの構造主義人類学を媒介するのがいいだろう。レヴィ＝ストロースが提唱する「構造」は、一見すると多種多様にみえる文化のなかから抽出された不変項である。いったん構造が明らかになれば、多様な文化は構造の体系的なヴァリエーションとして説明できる。つまり、構造とは人類が共通にもっている無意識的な思考形態なのである。この意味で、構造とはまさにアフォーダンスの一種だといってよい。

一方で、レヴィ＝ストロースは徹底したカント主義者であると自称している。彼のいうカント主義とは、空間と時間にかぎらず人間はなんらかの認識図式を通してしか世界を見ることはできない、という主張である。構造もそのような認識図式の一種である。逆にいえば認識図式とは多様な思考のなかから抽出された不変項なのである。

カントのいう空間と時間の概念はニュートン力学の前提、すなわち宇宙的なスケールにおける多様な事象から抽出された不変項である。その意味で、生物学ではなく物理学に根拠をもっている。とはいえカントの空間と時間の概念は、後にアインシュタインの一般相対性理論によって「空間＝時間」概念という、さらに高次元の不変項によって乗りこえられている。

これに対して、アフォーダンスは、生物が地球上で進化してきた「重力」の下での多様な経験から抽出された不変項である。ギブソンもいうように、生物の知覚においては「地面と空」すなわち「上下」が空間的な不変項である。この不変項をさらに宇宙にまで拡大すれば「上下」は消えて、デカルト＝カント的な空間と時間が不変項として出現するだろう。

以上のように考えれば、不変項の追求という点においてはカントとギブソンは共通していると考えることができる。つまり、ギブソンも別な意味での「概念」を追求しているのであり「概念なき知覚は盲目である」というカントのテーゼを実行しているともいえるのである。科学の基本的な態度が、不変項（つまり法則）の追求である点を考えれば、これは当然の結論である。

生態学的建築論

以上のような拡大されたアフォーダンス理論から、建築に関して何がいえるだろうか。

まず、建築は生態学的な存在であるから、建築デザインとは建築から人間や社会へという一方向的な働きかけではないという点を再確認する必要がある。これは建築の社会的な機能や実用性の評価だけでなく、美学的な評価についてもいえることである。

カントが提唱する主観的美学によれば、美的快感は対象の美的特性を「刺激」として受け入れ「反応」することではない。どのような対象であれ、それを美的な対象として理解しようとする主観的な努力から得られる感情である。つまり、美的快感は主体の感性的な図式と対象の属性との相互作用の産物なのである。その意味で、主体側の感性的な図式は文化的なアフォーダンスの一種だといってよい。その図式は多様な経験を通じて変化し成長する。その図式がフレキシブルで幅広い回路をもっているほど多様な美を受け入れ、理解し、美的快感を得ることができるのである。

「複製技術時代の芸術」のなかでヴァルター・ベンヤミンがいったように、建築は「散漫な意識」を通じて人間に働きかけ、長い時間をかけて感性の変容をもたらす。と同時に、人間は建築の経験から抽出した主観的な図式にもとづいて建築を変更し、新しいデザインを生みだす。このような相互作用も建築の生態学的な働きである。

最後に、ぼくの師匠、池辺陽による建築の定義を紹介しておきたい。これは生態学的建築論の基本的なテーゼといってよいだろう。

「建築の目的は、ある定まった人間に対して、それに適応した建築をつくることではなく、建築と人間が結びついたときに、そこに新たな人間が生じ、また建築自体も、その人間によって変化するというダイナミックなプロセスであることを忘れてはならない」(「人間は変化のプロセスをもつ」、『デザインの鍵』丸善、一九七九年)

III　自生的秩序と計画

『アメリカ大都市の死と生』を読む

ジェイン・ジェイコブズ

大都市のゴッドマザー

岩元真明

「大都市」の発見

ジェイン・ジェイコブズは激烈な活動家であった。スラム・クリアランスの名のもとでおこなわれる人間疎外的な都市計画が彼女の敵だ。ニューヨークで高速道路や再開発の計画があるたびに反対運動の先頭で戦い、それが高じて逮捕されたこともある。一九六一年に刊行された『アメリカ大都市の死と生』に彼女はニューヨークへの愛を凝縮し、都市の多様性を称揚することで近代計画理論をひっくり返すことに成功した。その最大の達成は二十世紀の「大都市」を近代以前の「町」や「都市」からはっきりと峻別したことだろう。ジェイコブズは言った。「大都市は、町を大きくしただけのものではありません。郊外を高密にしただけのものでもありません」(1)

ジェイコブズは大都市を、それまでに人間が構築してきた環境と根本的に異なったカテゴリーとしてとらえた。彼女は田園都市計画・近代都市計画・都市美運動をまとめて批判した。それらが大都市というカテゴリーを認めることができず、田園の理論（緑、空間、太陽！）によって大都市の解体をめざしたことを彼女は過ちとみたからである。前近代的なコミュニティと異なる「知らない人だらけ」の状況がジェイコブズによる大都市の定義だ。彼女は名もなき群衆が生みだす都市空間をありのままに受容し、その魅力はさまざまな文化の溶けあう多様性であると考えた。この多様性の前提として彼女が見いだした〈混交用途〉〈小規模街区〉〈古い建物〉〈密集〉の四つの要件は、それ以前の都市計画理論とことごとく対立するものであった。なかでも密集すなわち「高密度」は決定的な発想といえる。混交用途や小規模街区は近代以前の町にもあらわれていた性質だ。それに「高密度」を付け加えることで、彼女の主張はノスタルジーに回収されることなく大都市に切りこむ理論となりえた。

「高密」と「過密」

ジェイコブズ以前の都市計画において「高密度」は悪とみなされていた。オースマンのパリ改造は大通りによって中世街区を切り裂く「都市の瀉血」であった。ハワードの田園都市計画は、混雑した大都市を逃れて近郊にユートピアをつくることをめざした。ル・コルビュジエはさらに極端だ。彼の「輝く都市」は、摩天楼を導入して建物内部の密度を上げることで都市の九割を公園化する試みであった。しかしジェイコブズは建物が高密に建ち並ぶ状態を肯定し、田園都市計画も近代都市計画も「高密 concentration」と「過密 overcrowding」を混同していると看破した。

「低密都市が、事実の裏づけもないのにこれまでよいものとされ、高密都市が悪者扱いされているのは、住戸の高密さと住戸内の過密とがしばしば混同されているからです。高密度というのは、面積あたりの住戸数が多いということです。過密というのは、住戸の居室数に対して住んでいる人の数が多すぎるということです(2)」

田園都市計画は高密と過密を区別できなかったために両者を排除してしまったが、「高密度」は都市の多様性の必要条件であるとジェイコブズは主張した。地域に必要な商業や公共施設の維持には一定以上の人口が不可欠だからだ。彼女はル・コルビュジエにも「ノー」を突きつけた。「輝く都市」は、高密に建物が建ち並ぶ街路を「過密」と取り違えて破壊するという田園都市計画と同じ過ちを犯していたからである。

ニューアーバニズムへの影響

ジェイコブズによる近代都市計画の批判は現代においても広く受け入れられている。アメリカで八〇年代から展開しているニューアーバニズムと呼ばれる運動もそのひとつだ。公共交通を軸とした歩行者中心の都市の創出をめざすニューアーバニズムは、欧州におけるコンパクトシティ論と近接する。その指針をまとめたアワニー原則（一九九一年）には混交用途や歩行者の重視などジェイコブズからの深い影響が認められる(3)。しかし、そこでは「高密度」が抜け落ちている。アンチ・スプロールという理想はあるものの、ニューアーバニズムはジェイコブズのめざした高密の大都市を志向するものではなく、郊外や町の設計理論として事実上展開した。それはジェイコブズ理論の田園都市への先祖返りにもなりかねず、しばしばあらわれる伝統的要素による建築表層の操作はその端緒といえるかもしれない。この意味で、ニューアーバニズムは大都市主義者であるジェイコブズの正統な後継者と呼ぶことはできないだろう。

ジェイコブズとコールハース

ジェイコブズの「高密度」のアイデアを継承したのは、オランダの現代建築家レム・コールハースではないだろうか。彼らにはジャーナリストという共通項がある。『アメリカ大都市の死と生』においてジェイコブズは徹底して主観による審美的判断を避け、特定の造形や様式をもちあげることはない。たとえば彼女は古い建物を重視するが、それは審美的な理由からではなく経済的な理由からである。コールハースもまた判断を留保してジャーナリスティックに都市を描く。それは「ハーグ・ポスト」紙で記者をしていた時代に身につけた方法といわれる。[4] このふたりが共通して注目したのがニューヨークであり、その「高密度」であった。コールハースの『錯乱のニューヨーク』(一九七八年)から一節を引用しよう。「望ましき現代文化の基礎としてのメトロポリス的状況――超過密――〔…〕マンハッタンの建築とは、過密の活用のためのパラダイムなのだ」[5]

過密という日本語がまぎらわしいが、彼の言う「過密 congestion」とは「過密 overcrowding」のことではなく、敷地占有面積あたりの床面積が極端に多いこと、すなわち「超高密」な状態である。この意味で『錯乱のニューヨーク』は『アメリカ大都市の死と生』の延長線上にあるといえる。ジェイコブズとコールハースは高密と混交用途というコンセプトを共有しているのである。

ビッグネスという分岐点

しかし、両者には決定的な分岐点が存在する。コールハースの「高密度」への考察は街区まるごとを占める摩天楼へと帰結するが、「輝く都市」にトラウマをもつジェイコブズにとって巨大建築は頭痛の種だった。ジェイコブズは言った。「問題は種類ではなく、規模だからです。一部の街路では、街路に面した部分を他と不釣り合いなほど大きく占有するものはすべて、街路の統合をくずして荒涼とさせてしまいます[6]」

摩天楼がニューヨークの特質であることは明らかなのに『アメリカ大都市の死と生』において一貫して触れられていないのは、巨大規模がもたらす超高密に対するジェイコブズの不信のあらわれだろう。しかしコールハースは巨大規模を現代の避けがたい条件として認め、「ビッグネス」(一九九五年)というエッセイで次のように表明する。「建築はあるスケールを超えると大きい《ビッグ》という資質を獲得する。〔…〕単に大きいというだけで、建物は善悪を超えた、道徳と無関係の領域に入る[7]」

ここでコールハースは「ビッグネス」を「建築」からはっきりと峻別する。これはジェイコブズが「大都市」を「都市」から峻別した論理展開とまったく同じである。大都市に近代都市計画が太刀打ちできなかったのと同様、ビッグネスに従前の建築理論は適用できない。なぜなら建築とビッグネスはカテゴリーが違うからだ。ジェイコブズの嗅覚はビッグネスにも敏感に反応したが、それを悪とみなした。彼女が求めた大都市の生とは生き生きとした街路生活だったからである。しかしコールハースはビッグネスの内部にこそ大都市の生を見いだす。「各フロアにおいて、過密の文化は、さまざまな活気溢れる新しい人間活動を、未曾有の取り合わせの中に配置して見せるだろう[8]」

ジェイコブズがニューヨークの街角に見いだした高密と混交用途は、コールハースにおいては摩天楼内部における大都市的状況へとスライドされる。彼が見いだした大都市の生は、街路から孤立した巨大建築内部での幻惑的生活だったのである。一九九〇年代になるとコールハースは「ジェネリック・シティ」（一九九四年）において、均質化されていく都市で「街路は死に絶えた」と宣告する。

商業主義に回収された「よい意図」

コールハースがハーヴァードの学生を率いておこなったショッピング研究“The Harvard Design School Guide to Shopping”（二〇〇一年）には“Good Intentions”（「よい意図」）というジェイコブズについて論じたエッセイが収められており、彼女の説いた「四つの要件」がたちどころにディベロッパーたちの開発マニュアルに流用されたと述べられている。皮肉にもジェイコブズの「よい意図」は商業主義に回収され、新たなる再開発の手法へと転化したのだ。その結果、大都市はショッピングの場として書きかえられ、多様性とは正反対の排他的な商業空間が生みだされたとエッセイは結論する。(9) たしかにジェイコブズの批判対象はつねに公的開発であり、私的開発は意識されない。『アメリカ大都市の死と生』が著されたのはケインズ主義的公共投資が隆盛していた時期であり、そもそもディベロッパー主導の開発は比較的めだたぬ存在であった。私的開発は新自由主義がトリガーとなって一九八〇年以降に加速した。『アメリカ大都市の死と生』はこの両者のちょうど中間に位置しているのだ。ジェイコブズの「よい意図」が反転してリアルな街路を奪ったという“Good

Intentions”の指摘は「ジェネリック・シティ」で宣告された「街路の死」と通底するだろう。ジェイコブズの批判は、資本主義的なポストモダン都市には届かないのだろうか。あるいは彼女の願いが私的開発におけるテーマパーク的な「街路の生」を生みだしたのだろうか。

大都市のシミュラークル

ここでジェイコブズによる影響を整理しておこう。ニューアーバニズムは彼女の理論から「高密度」を取り除き、郊外住宅地の設計理論へと応用した。一方、コールハースは「高密度」の考えをオーバードライブさせ、ジェイコブズが避けていたビッグネスの問題へと達した。商業ディベロッパーはジェイコブズの理論を表層的に利用し、都市を商業の場へと書きかえた。彼らはみなジェイコブズの意図に忠実な後継者とは言いがたい。そして、この三者は「街路の生」をシミュラークルとしてとらえた（つくりだした）点で共通している。大都市は二十世紀最大の発明でありジェイコブズはその発見者であった。しかし、理論が彼女の手を離れて計画される段になると「街路の生」はつくられたものとならざるをえなかった。まったく異なった思想をもつ三者がたどりつく帰結は、現代の避けがたい状況を示しているように思われる。いつのまにかジェイコブズの愛した大都市は幻影となってしまったのだ。

ニューアーバニズムの計画が郊外において実現し、一方で郊外型ショッピングモールに似た開発がジェイコブズの理論を借りて都心に進出したという事実は興味深い。そこでは、ジェイコブズが大都市から選り分けた郊外の影がふたたび忍び寄っているのである。コールハースの問うビッグネスも場所性に囚われない理論的モデルであった。幻影と化した大都市は、大都市と郊外の峻別を乗りこえる。そこにポジティブな意味を見いだすことはできるだろうか。

大都市の理論で郊外に切りこむことは、郊外の理論で大都市に介入した近代都市計画のミス・リーディングを別のかたちで繰り返すことになりかねない。だが、コールハースの議論をさらに推し進め、ビッグネスによって郊外の奥深くに大都市的な体験を生むことはできるかもしれない。たとえば郊外のショッピングモールはビッグネス内部における大都市的状況としてとらえることもできるし、均質な郊外的空間の表出としてみることもできる。それは大都市と郊外の境界線である。ショッピングモールに関する議論では商業主義に根ざした排他性がつねに論点となるが、その原因はジェイコブズ的なアーバニズムの不完全な実現だからかもしれない(10)。

ジェイコブズの意図を建築で再構築することには、いまだ可能性が残されているように思われる。それは現在の大規模開発に対してプログラムや空間構成の再検討、公・私・個の空間の再分配をうながすだろう。それはたとえシミュラークルになろうとも、バイタリティを失いつつある郊外や地方都市の問題への処方箋、ノスタルジーに囚われかけた大都市をよみがえらせる一手となるのではないだろうか。

注

（1）ジェイン・ジェイコブズ『アメリカ大都市の死と生』山形浩生訳、鹿島出版会、二〇一〇年、四五ページ。

（2）同、二三二ページ。

（3）松永安光『まちづくりの新潮流——コンパクトシティ、ニューアーバニズム、アーバンビレッジ』彰国社、二〇〇五年、一七八ページ。
（4）ロベルト・ガルジャーニ『レム・コールハース｜OMA　驚異の建築』難波和彦、岩元真明訳、鹿島出版会、二〇一五年、七ページ。
（5）レム・コールハース『錯乱のニューヨーク』鈴木圭介訳、筑摩書房、一九九九年、一一ページ。
（6）ジェイコブズ、前掲書、二六四ページ。
（7）レム・コールハース『S, M, L, XL ＋』太田佳代子、渡辺佐智江訳、ちくま学芸文庫、五一—五三ページ。
（8）『錯乱のニューヨーク』、二一〇ページ。
（9）John McMorrough, "Good Intentions: Jane Jacobs and after" (Rem Koolhaas, "The Harvard Design School Guide to Shopping / Harvard Design School Project on the City 2", Taschen, 2001. 所収）
（10）近年のショッピングモールに関する議論は「思想地図β」一号（東浩紀編、コンテクチュアズ、二〇一〇年）に代表されるだろう。同書にはショッピングモールのシミュラークルを肯定的にとらえなおす試みもみられる。

自生的デザインの可能性

難波和彦

結論からいえば、ジェイン・ジェイコブズの『アメリカ大都市の死と生』は、一九五〇年代のニューヨークをケーススタディとして現代にも通用する「自生的デザイン」の可能性について論じた本である。では、自生的デザインと何か。これは経済学者フリードリヒ・ハイエク（一八九九―一九九二）が提唱する「自生的秩序（spontaneous order）」という用語からぼくが考案した造語である。

自生的秩序

ハイエクは、社会組織や市場経済は伝統のなかから自然に生みだされ進化する秩序であり、それを人工的にデザインし制御することはできないと主張した。この考え方にもとづいて彼は、経済を計画的に統御しようとする社会主義諸国のみならず国家による公共事業によって経済を活性化しようとする戦後の西欧諸国のケインズ主義的な経済政策を批判した。一九七〇年代になると、戦後の経済政策の行き詰まりやオイルショックによってハイエクの経済思想が見直されるようになる。さらに、ハイエクと同じ反ケインジアンの経済学者、ミルトン・フリードマン（一九一二―二〇〇六）が唱えるレッセ・フェール（laissez-faire＝自由放任）的な経済思想がハイエク思想を後押ししたこともあり、一九八〇年代以降になると世界中の資本主義諸国は、国家による干渉を最小限に抑え「小さな政府」をめざす新自由主義的な経済体制へと政策転換する。これによって資本主義諸国の経済は、貧富格差や南北問題などさまざまな課題を生みだしながらも好転していく。その結果、沈滞する社会主義諸国との経済格差はますます拡大することとなり、最終的に社会主義諸国を一九九〇年代初頭の崩壊へと導くのである。

自生的デザインとは、自生的に生みだされる秩序をデザインするということである。ハイエクによる自生的秩序の定義からすれば、これは語義矛盾のようにみえるかもしれない。しかし、自生的秩序はほんとうにデザインできないのだろうか。もう一度、原理に戻って考えてみよう。建築や都市だけでなく、およそ人工的につくられるものはすべて誰かがデザインした産物である。自生的デザインをそのような個別的なデザインと考えれば、自生的秩序は人工的なデザインが集合して生みだされる、と考えることができるのではないか。ハイエクは、そのような個別的なデザインまでを否定したわけではない。ハイエクが否定したのは、個別的デザインの集合体をトップダウン的に統御するようなデザインである。自生的秩序とは、一定のルールに従って遂行される個別的なデザインが集合することによって生みだされるボトムアップ的な秩序のことなのである。

設計製図課題の陥穽

この問題については、いつも考えさせられる苦い想い出がある。ぼくが大学で設計製図課題を担当していたときに、いつも頭の隅に引っかかっていた問題である。

最近の学生は、総じてモダニズムのトップダウン的なデザインに対して疑念を抱いている。ル・コルビュジエの「輝く都市」や一九六〇年代のメタボリズムが描いたようなメガロマニアックな巨大建築を提案する学生は、いまでは稀にしかいない。そのような傾向は、とくに都市工学や社会基盤系の学生に顕著にみられる。その理由は、これまで両学科が都市計画のマスタープランや巨大な土木構造物を推進してきたことに対する学生なりのコンプレクスがもたらした反動だろう。要するに、彼らはトップダウン的なデザインに対して直観的に忌避感を抱いているのである。その結果、設計製図課題において、彼らは小スケールの建築の集合体や編み目のような複雑な路地空間をデザインしようとする。設計課題の敷地は都市的なスケールの場合が多いのだが、それでも学生たちは与えられた広大な敷地を小スケールの建築や路地によって埋め尽くそうとするのである。

ここには落とし穴がある。なぜなら、都市的なスケールの設計課題は最初からトップダウン的なデザインを前提につくられているからである。この結果、学生たちは一見するとボトムアップ的にみえる小スケールの都市空間をトップダウン的にデザインすることになる。これは明らかにディベロッパーによる都市再開発のスタンスである。その点に気づき、無意識的にでもディベロッパーの立場に立って、なんらかのシステムやルールを設定しながら小スケールの都市空間をデザインすれば、結果の善し悪しは別にして、それなりに課題は成立するだろう。しかしながら、あくまでボトムアップ的なデザインにこだわり、下町の路地のような繊細な空間を人為的にデザインしようとすると、悲惨な結果に終わる。なぜなら、それは原理的に不可能な試みだからである。路地空間は、さまざまな人びとによる個別的で小さなデザインが時間をかけて集積した結果生みだされる都市空間、すなわち自生的な秩序である。そこにはトップダウン的な視点は存在しない。それをトップダウン的にデザインしようとすれば、表層をまねただけのテーマパーク的な空間になるしかない。

このように、現在の設計製図課題には近代都市計画が陥った陥穽の縮図が潜んでいる。そして設計製図の教員の多くは、この点に気づいていない。

都市の原理

いうまでもなく本書におけるジェイコブズの視点は徹底してボトムアップ的である。都市に生きる生活者の視点といってもよい。この点に『日常的実践のポイエティーク』との共通性がある。ここから建築家や都市計画家は、何を学ぶことができるだろうか。

本書の邦訳は一九六九年に黒川紀章の訳で出版されている。しかし、それは本書を構成する全四部のうち、前半二部だけの部分訳である。今回はじめて全訳が出たわけだが、初版が一九六一年に出版された原書が一九六九年と二〇一〇年の二度にわたって邦訳されたのはなぜだろうか。そこには明確な歴史的必然性があるように思える。

一言でいうなら、現代の都市問題に対して、本書は大都市の生死を決定づける普遍的な原理を提唱しているからである。あえて「普遍的」という古典的な言葉を使うことには理由がある。初版が出た一九六〇年代初頭、黒川訳が出た一九六〇年代末期、全訳が出た現代と、ここ五十年の間に都市の様相は大きく変化した。にもかかわらず、本書が提唱する都市原理の有効性はまったく変わっていないからである。ぼくの考えでは、本書が提唱している都市原理は時代や地域をこえて世界中の大都市に通用するのではないかと思う。その都市原理について、ジェイコブズはこう言っている。「その普遍的な原理とは、都市にはきわめて複雑にからみ合った粒度の近い多様な用途が必要で、しかもその用途が、経済的にも社会的にも、お互いに絶え間なく支え合っていることが必要だということです」（第1章「はじめに」三〇ページ）

この原理は、そのままクリストファー・アレグザンダーが提唱したテーゼ「都市はツリーではない」（一九六五年）にストレートにつながっている。ジェイコブズは都市に展開するアクティビティの関係に注目しているのに対し、アレグザンダーは都市空間の構成に注目しながら同じことを主張しているのだといってもよい。

本書は、この一見当たり前の原理にもとづいて一九五〇年代にニューヨークで展開された一連の再開発計画を詳細に批判し、それにかかわる新しい都市再開発のあり方を提案したものである。したがって原理は普遍的であっても、その具体的な適用の仕方は当時の歴史的条件に大きく支配されている。

一九五〇年代のアメリカの都市政策は、第二次大戦直後のケインズ主義的政策にもとづいて実施された行政によるトップダウン的な都市再開発が主流であり、その背景にはヨーロッパから輸入されたモダニズムの都市計画思想があった。終戦直後のアメリカの都市では急激な人口増加によって郊外化が急速に進み、ダウンタウンは空洞化していた。その対症療法としてトップダウン的な都市再開発がおこなわれたのである。当時としては、そのような再開発には歴史的必然性があった。このあたりの時代状況は本書の訳者解説において詳しく紹介されている。そしてジェイコブズが批判したのは、そのようなトップダウン的な再開発なのである。後に述べるが、その点が今日の都市の状況と大きく異なっている。本書は、そのような歴史的背景を念頭において読む必要があるだろう。

黒川紀章のスタンス

黒川紀章が注目したのは、本書にモダニズムの機能主義的な都市計画思想を乗りこえるヒントをみたからだと思われる。一九六〇年代に、黒川はメタボリズム思想にもとづいて一連の都市計画や建築設計を展開した。都市計画思想としてのメタボリズムは依然として国家や行政に結びついた社会工学的な発想だった。彼はそのようなトップダウン的な方法を本書のボトムアップ的な視点からの都市分析によって補完しようとしたのかもしれない。

本書の前半二部「都市の独特の性質」と「都市の多様性の条件」においては、ニューヨークを例にして都市の原理が詳細に検討され、後半の二部「衰退と再生をもたらす力」と「ちがった方策」においては、トップダウン的な都市再開発の失敗とそれにかわるボトムアップ的な代替案が提案されている。黒川が前半の二部だけを邦訳したのは、後半の二部が彼のトップダウン的な方法と明らかに相容れなかったからだろう。とはいえ、先にも述べたように、前半二部もじつはトップダウン的な都市再開発を批判するための都市原理について述べているわけだから、本来ならば黒川のメタボリズム的都市計画思想とは相容れないはずである。アメリカにおける本書の評判に目を奪われて、黒川はその点に気づかなかったのだろうか。あるいは、前半二部の都市分析と後半二部の具体的な提案とを分けてとらえたのだろうか。しかし詳細に読み込むにつれて、彼はジェイコブズと自分の都市思想の決定的な相違に気づいたにちがいない。その証拠に、訳者あとがきのなかで黒川は正直にこう述懐している。「考えてみると、訳者として私が適当であったかどうかも、今になってはきわめて疑問に思える」

当時、同じようなすれちがいがもうひとつあった。クリストファー・アレグザンダーは一九六〇年代半ばに博士論文『形の合成に関するノート』と「都市はツリーではない」における数学的・論理的アプローチによって世界的な注目を浴びていた。丹下健三や黒川紀章は、その点に注目して一九七〇年に大阪で開催された万国博覧会への出品者としてアレグザンダーを招聘した。しかしながら、アレグザンダーはすでに一九六〇年代後半にデザインへの数学的・論理的アプローチを否定し、自然言語による直観的な「パタン・ランゲージ」へと方向転換していた。このため、お祭り広場のトラス屋根内に展示されたアレグザンダーの「人間都市」のプレゼンテーションは、新しい技術を謳いあげた万博の基本コンセプトとは完全なすれちがいに終わったのである。そのようなアレグザンダーの建築・都市思想が、ジェイコブズの本書に通じていることはすでに述べたとおりである。

自生的デザインは可能か

では、出版されて五十年後の現在、本書が見直されるのはなぜだろうか。ぼくの考えでは、現代の都市が本書で提案されているボトムアップ的な都市計画を実現するのにふさわしい状況にようやく到達したからではないかと思う。

先にも述べたように、一九八〇年代に西欧諸国ではケインズ主義的な政策からハイエクやフリードマンが提唱する新自由主義的な政策へと転換した。さらに一九八〇年代末から九〇年代にかけて社会主義諸国が崩壊し、トップダウン的な政策の歴史的失敗が明らかになった。これに伴って、それまでの公共的な組織は民営化され、政府による公共事業は民間事業にとってかわられた。そして都市は、それまでのような公共事業ではなく、民間の個別的な事業の集積として自生的に生みだされることになった。つまり、本書で展開されているジェイコブズのボトムアップ的な都市思想を積極的に活かすことができるような状況になったわけである。

とはいえ、一九六〇年代と現在とでは歴史的な条件が大きく変わっている。最大の変化は一九九〇年代の社会主義諸国の崩壊以降の世界的な資本主義化、平たくいえばコマーシャリズムの世界的な浸透である。現在では、都市の商業活動は民間資本によって担われている。そして民間資本による都市再開発は巨大化し、ほとんどトップダウン的な計画と同じような様相を示している。都市空間のすべてを経済活動の対象としてとらえる巨大資本のコマーシャリズムは、ジェイコブズが都市の再生の必須条件として提唱する小さな商業活動の思想とは本質的に相容れないかもしれない。したがって、ジェイコブズが考えたような、小さな商業活動が集積したショップハウス的な街並みは望むべくもない。それにかわって出現しているのは、ショッピングモール的な自己完結した都市空間である。

このような変化を、どうとらえればいいだろうか。ジェイコブズ的なボトムアップ的デザインと現代の大資本によるトップダウン的なデザインとは、一九五〇年代と同じように対立しているのだろうか。もし、ジェイコブズが提唱した都市の原理が現在でも通用し、都市を活性化するのに有効なのであれば、巨大開発を小さなスケールにブレイクダウンすることによって、両者を統合する方策があるはずである。その具体的な提案を模索するのが、ぼくたちに与えられた緊急の課題である。

追記

東日本大震災の復興計画において、国家による公共事業への期待が高まった。震災後の復興事業は、はたして第二次大戦後と同じように国家が直接担うべき活動だろうか。たしかに、復興を迅速に進めるには、国家による経済的なバックアップが必要だろう。しかし、事業それ自体を公共事業化し、トップダウン化する必要があるだろうか。むしろ、ボトムアップ的な復興活動を後押しするような体制をつくるべきではないか。自生的な復興こそが本質的な復興になるのではないか。この問題は緊急を要するとはいえ、上記で述べた問題と間違いなく同型である。

しかし残念ながら、復興事業は政府や行政によるトップダウン的な公共事業によって進められている。その結果、建設費の高騰を招き建設業界全体がトップダウン的な再編成の動きへと向かっている。

マンフレッド・タフーリ『球と迷宮』を読む

仕掛けられた難解な計画＝企画をどう読みとくか

龍光寺眞人

本書を読んで大半の人の抱くもっとも率直な感想は「むずかしい」ということだろう。まずはこの「難解さ」について考えることから始めたいと思う。ここでの「難解さ」は膨大な情報量や錯綜した言いまわしに起因するが、むしろわたしたちは本書の「難解さ」の理由を問うべきだろう。その特徴は以下のようにまとめられる。

（1）ジンテーゼ（総合命題）の不在。本書で描かれたアヴァンギャルドの冒険は球と迷宮のあいだを往還しながら、立ち位置が定まらない。安易な図式的解釈を許さないままに、その〈ゆらぎ〉が詳細に記述される。球と迷宮の終わりなき弁証法は抽象的な解釈を拒み、結論は宙吊りにされている。

（2）マニフェストの不在。著者のマンフレッド・タフーリはイタリア共産党員であったが、本書のなかでは彼の政治的主張は意識的に抑制されている。つまり本書には多くのマルクス主義的な言説が確認されるが、直接的なマニフェストは注意深く避けられており、その真意は読みとりにくくなっている（たとえば彼は資本主義を正面からは否定することはしない）。

（3）リアリティの不在。本書の出版後、ベルリンの壁は壊され（一九八九年）、ソヴィエト連邦は崩壊した（一九九一年）。東西冷戦構造がもはや過去のものとなった世界を生きるわれわれには資本主義と社会主義というふたつのイデオロギーの対立構造を、リアリティをもって理解することが困難である。これは現代を生きるわれわれには避けられないものである。

上記三つの「不在」は、本書を読解するうえで重要な視点となる。ジンテーゼの不在は複雑な事象を複雑なまま記述しようとした結果といえる。ただし、歴史を読みとくために球と迷宮という手がかりは用意されている。タフーリによれば歴史とは計画＝企画をもって読みとるものである。「球」と「迷宮」の矛盾や衝突は統合されることなく絡みあったまま、つねに歴史の舞台に（相補的に）共存しつづける。次のマニフェストの不在については、本書をよく読めば読みとることができるだろう。彼の思想はマルクス主義に強い影響を受けた唯物論的歴史観を土台にしている。本書を通じて浮かびあがって見えてくるアヴァンギャルドの「像」のようなものには、あらかじめそのようなイメージが付与されている。そしてリアリティの不在は著者が意図したものではない、歴史の偶然である。当然ながら、わたしたちは現代の視点から本書を読むことになるが、当時の時代性、アクチュアリティを無視して読むことは避けなければならない。それは不正確であるばかりか不誠実な読み方である。もはや本書には歴史性を帯びた歴史書として読まれるという側面があるが、そうであるからこそ、表面的にはイデオロギーの対立構造が解消されたようにみえる現在において、歴史的重要性があるといえるのではないだろうか。

タフーリ／フランプトン／ジェイムソン

『球と迷宮』を貫く大きなテーマは「歴史的アヴァンギャルドの変遷において、秩序と無秩序、法則と偶然、構造と無形など、表面的には対比的なオルタナティヴが実際には全く相補的な関係にあることを証明(1)」することにある。本書で提示されるタフーリの歴史観を理解する手がかりとして彼と同世代といえるふたりの歴史家を比較してみたい。ひとりめはイギリスの建築史家ケネス・フランプトン（一九三〇―）である。タフーリと彼は、一九七〇年代にピーター・アイゼンマンが主宰するニューヨーク建築都市研究所に関係していた。歴史を前に進めていくアヴァンギャルド＝「前衛」を重視したタフーリに対し、フランプトンは「後衛」に注目する。「今日建築がなお批判的実践でありうるとすれば、それは建築が「後衛主義」（arrière garde）の立場、すなわち啓蒙主義の進歩の神話からも、工業化以前の過去の建築形態へ回帰するという反動的で現実ばなれした衝動からも、等しく身を引き離すような立場を取る場合だけである(2)」と述べながら、フランプトンは批判的地域主義を提唱する。インターナショルスタイルが世界中に遍在していくことへの批判としてのリージョナリズムである。彼がこの論を『反美学』で提示したのは一九八三年であり、『球と迷宮』が出版された三年後であることには注目すべきだろう。「「批判的地域主義」の基本的戦略とは、普遍的文明のインパクトと、個別的な場所の特色から間接的に引き出されてくる諸要素とを和解させることである(3)」。このように弁証法的な言説からもわかるように、フランプトンの歴史観はマルクス主義の影響を受けており、インターナショナリズムとリージョナリズムの弁証法として批判的地域主義を位置づけているといえる。

ジェイムソンによるポストモダン期の建築におけるイズムの整理

もうひとりの注目すべき人物はフレドリック・ジェイムソンである。彼はフランプトンの批判的地域主義を用いながらも異なる見取り図を描いた。アメリカの思想家である彼は一九三四年生まれであり、タフーリ、フランプトンらと世代が近く、彼もまたマルクス主義の影響を強く受けている。ポストモダニズムとモダニズムの関係性を論じた『時間の種子』（原書一九九四年）のなかで、彼は記号論的四辺形を用いてポストモダン期の建築におけるイズムを整理した。

ふたつの極の上下には、一方に高度モダニズム、他方にポストモダニズムなどが配置される。高度モダニズムの特徴は全体性と革新に大別される。批判的地域主義には部分と反復という特徴が指摘されている。この上下の二項は上を「球」、下を「迷宮」とする、球と迷宮の構造をもっているといえる。上下二項から分化した特徴がそれぞれ交差した地点にダーティ・リアリズムと脱構築が位置づけられている。弁証法的なシンプルな図式を用いながらも、現代建築におけるスタイルや戦略の複雑性が表現されている。

タフーリ、フランプトン、ジェイムソンが共通する歴史観をもっているのは明らかだろう。彼らの直接の影響関係がどうであれ、(4) 弁証法的に歴史を描くという「計画＝企図」の共通性を見いだすことができる。このようにフランプトン、ジェイムソンらとの比較によってタフーリの現代的意義が明らかになるのではないだろうか。『球と迷宮』において、タフーリはアヴァンギャルドの冒険的で悲劇的な歴史を、なるべく事象の図式化や単純化をせずに多面的に複雑に描こうとしている。それに対して、フランプトンはアヴァンギャルド（前衛）とは対比的な「批判的地域主義（後衛）」に注目している。むろん、このふたつにも相補的な関係を読みとるべきであろう。ジェイムソンは図式を駆使しながら事象を整理し、さらに複雑化した現代のアヴァンギャルドのあり方を示そうとしているようにみえる。つまり、これらは歴史観を共有した地平上の三つの視点としてとらえることができるのである。少なくとも、彼らとの関係性のなかに相対的にタフーリを位置づけることでその可能性のパースペクティヴには広がりが生まれるだろう。

都市と周縁　それぞれの舞台

フランプトンとの比較で明らかになったもうひとつの側面は、タフーリの都市への偏向である。批判的地域主義が後衛として、その名のとおりヴァナキュラーな周縁をとりあげるのに対し、アヴァンギャルド（前衛）は都市を志向する。本書五章ではソヴィエト連邦の都市計画における都市集中派と田園分散派が弁証法的に描かれている。社会主義国が次第に都市部との関連を強めていく経緯は必然なのだろうか。タフーリの思想と重ねあわせて考えると興味深い。本書においては田園ではなく先進的な都市こそが球と迷宮がせめぎあう弁証法の舞台たりうるのである。

本書においてもっとも劇的なかたちでこの弁証法が展開されるのはワイマール・ドイツの建築家・都市計画家、ルードヴィヒ・ヒルベルザイマーの都市計画であろう。経済発展におけるメトロポリスの重要性を理解した彼は都市＝資本主義自体を計画するという弁証法的結論にいたる。「上位の国家経済のプログラム化によってのみ、大都市のイメージの根源にある「多様性」、生産の資本主義的カオスは「鋳型」にはめ、支配されうるのである」[5]

メトロポリスにおける球と迷宮の弁証法、このより象徴的な表現はレム・コールハースの「キャプティブグローブ──囚われの球を持つ都市」という一九七二年に発表されたプロジェクトによっても示されている。マンハッタンのグリッドという迷宮のなかにとらわれたグローブ。それはグローバリズムのなかの局所的計画として、まさに「球」があらわれることを象徴的に示している[6]。

さらに、メトロポリスの重要性を考えたとき、わたしたちが今日議論する意義のある枠組みは、ジェイムソンの提案した先の図における上下の項、高度モダニズム／ポストモダニズムではなくて、ダーティ・リアリズム（都市）／批判的地域主義（周縁）の関係性にあるだろう。ここで興味深いのは高度モダニズム（球）／ポストモダニズム（迷宮）から、ダーティ・リアリズム（迷宮）／批判的地域主義（球）へと球／迷宮の関係がねじれながら複雑化したことである。ジェイムソンは批判的地域主義における地域の概念を「全体としての規格化する世界システムと緊張関係にある、文化的に一貫したひとまとまりの地帯」[7]と説明している。批判的地域主義は「規格化する世界システム」と対立し、抵抗する。それはたんなる地域主義とは異なるのである。このように「世界システムと批判的地域主義」「批判的地域主義と地域主義」において生じているとされる「緊張関係」は『球と迷宮』において何度も繰り返し言及される（相補的な）緊張関係にほかならない。球と迷宮の議論は都市と周縁、あるいはグローバルとローカルといった極にその範囲を拡大しつつ、少しずつねじれながら複雑化してその図式を引き継いでいるのである。

差異性と相補性　ＬＡＴｓへ

最後に、本書とＬＡＴｓ読書会との関連性を考察する。ＬＡＴｓ読書会の第四回でとりあげた多木浩二『生きられた家』には以下のような記述がある。

「もし計画なりデザインなりという視点から考えるなら、未来は開かれたままに残しておくようにしなければならない。計画と経験のずれ、差異の方が、人間にとって本質的なのである。しかもその両方（計画と経験）とも人間的な事実である、計画的にしか世界を見ない（したがっていわば理性的に構成された世界しか見ない）人間にとっては欠陥であるずれこそ、人間にとって根本的な問題を含んだ要素なのである[8]」

ここで多木が指摘した「計画と経験のずれ」は、『球と迷宮』においてはたとえば社会主義計画経済とアヴァンギャルドの理想と現実というかたちで描かれていたものであろう。歴史もまた計画なのであれば、問われるべきはその計画の成否のみではなく、計画によって明らかにされたずれ、差異である。分析する対象は異なるものの、多木とタフーリの問題意識はこの点において正確に重なりあっている。この接点の意味は小さくないように思う。

さらに敷衍して考えてみれば、球と迷宮の弁証法的思考を手がかりとした分析もまた有効だろう。『生きられた家』における計画と経験のずれが『球と迷宮』においても問題にされていたことはすでに述べたとおりであるが、たとえば、ＬＡＴｓ前回のジェイン・ジェイコブズ『アメリカ大都市の死と生』において、近代の都市計画理論とジェイコブズの理論の関係は球と迷宮の対応関係として読むことができる。このとき、ジェイコブズは計画された都市（球）よりも迷宮としての大都市に価値を見いだしているのだが、球と迷宮を相補的に考えることはしない。最初から最後まで、都市デザイナーや建築家を一方的に批判しているだけである。このような視点から、ジェイコブズの限界と可能性を指摘することができるだろう（ちなみに、ジェイコブズの理想とする大都市は「生きられた大都市」とでも呼ぶべきものである）。また、磯崎新の『建築における「日本的なもの」』においても、磯崎による日本建築史の壮大な見取り図が計画＝企画されている。彼によって提案された構図と現実（経験）とのあいだに差異を見いだし、その意味を考えることは新しい発見をもたらすにちがいない。

注

（1）マンフレッド・タフーリ『球と迷宮』八束はじめ、石田寿一、鵜沢隆訳、ＰＡＲＣＯ出版、一九九二年、三四九ページ。
（2）ハル・フォスター編『反美学――ポストモダンの諸相』室井尚、吉岡洋訳、勁草書房、一九九一年、四七ページ。
（3）前掲書、四八ページ。
（4）少なくとも両者の著作にはタフーリの引用が数ヵ所ある。
（5）タフーリ、前掲書、二九六ページ。
（6）レム・コールハース『錯乱のニューヨーク』鈴木圭介訳、筑摩書房、一九九五年、四八八ページ。コールハースもまたタフーリやフランプトンと同様にニューヨーク建築都市研究所に在籍しており、『球と迷宮』六章におけるスカイスクレイパーの議論はコールハースの著書『錯乱のニューヨーク』と通じるものがある。
(7) フレドリック・ジェイムソン『時間の種子』松浦俊輔、小野木明恵訳、青土社、一九九八年、二四〇ページ。
(8) 多木浩二『生きられた家——経験と象徴』岩波現代文庫、二〇〇一年、二〇一—二〇二ページ。

抑圧されたモダニズムの回帰

難波和彦

『球と迷宮』の原書（イタリア語版）は一九八〇年に出版された。日本語版が出たのは一九九二年である。原書出版から三十年以上を経た本書を、今日読み返す意義はどこにあるだろうか。同じ問いはＬＡＴｓでとりあげるすべての本に投げかけられているといってよいが、『球と迷宮』に関しては、とりわけクリティカルな問いのように思える。なぜなら本書はモダニズムの建築と都市についての批判的な歴史書であり、書かれた時点においてすでに同じような問いに晒され、その問いに対する回答として書かれているからである。

ぼくの考えでは、東日本大震災の後に本書を読むことには特別な意味があるように思う。というのも震災復興においては、モダニズムの核心にあった「計画」の思想が、なんらかの形で再評価されることは間違いないからである。道路、港湾、鉄道、ライフラインなどのインフラストラクチャーの復旧には、都市的なスケールでの計画が不可欠である。しかしすべてをトップダウン的に計画するのは時代錯誤である。本書におけるタフーリのモダニズム批判は、その限界を明らかにしているとぼくは考える。

一九九〇年代初頭の社会主義諸国の崩壊は、国家的なスケールでの政治的・経済的計画の失敗を証明した。『球と迷宮』はその事件以前に書かれてはいるが、タイトルが示唆しているように社会主義諸国の崩壊の可能性を先取りしている。「球」とは「計画＝秩序」であり「迷宮」とは「カオス＝無秩序」である。本書はモダニズム建築における計画とカオスとのせめぎあいに関する歴史的なケーススタディだといってよい。とりわけ本書のユニークな点は、モダニズムにおける公共住宅の計画に焦点を当てている点にある。通常のモダニズム建築史では、住宅の問題はほとんどとりあげられることがない。しかし本書においては、モダニズムの中心的なテーマが公共住宅の計画にあったことが詳細に検証されている。社会主義諸国の崩壊以降、そして一九八〇年代の新自由主義による民営化の世界的な浸透以降、はたしてどのような「計画」が可能だろうか。その意味で、本書はこの問題について考える重要なヒントを示唆しているように思う。

タフーリ体験

マンフレッド・タフーリには一度だけ会ったことがある。一九八二年に日本でイタリアのルネサンス期に活躍した建築家アンドレア・パラーディオに関するシンポジウムが開催され、タフーリはそのコメンテーターとして招待された。当時の日本ではプレモダンな建築を引用する、いわゆるポストモダン歴史主義のデザインが流行していた。ぼく自身も一九七〇年代末にヴェネツィアやヴィツェンツァなど北イタリアの諸都市を訪れ、一連のパラーディオ建築を見てまわり、その明解な論理性と透明な空間性にカルチャーショックを受けた記憶がある。さらに『パラーディオ――世界の建築家』（福田晴虔、鹿島出版会、一九七九年）は日本におけるパラーディオ理解に大きな影響を与えた。

バウハウスのように歴史的建築を全面否定するモダニズムのデザイン思想の洗礼を受けた建築家たちは、それまでプレモダンな西欧建築と現代建築を結びつけることには考えもおよばなかった。しかし『マニエリスムと近代建築――コーリン・ロウ建築論選集』（伊東豊雄、松永安光訳、彰国社、一九八一年）や『建築の多様性と対立性』（ロバート・ヴェンチューリ、伊藤公文訳、鹿島出版会、一九八二年）は両者を結びつける手本を示してくれた。その影響もあって、ポストモダンに共感する建築家たちは、自作のアイデアのなかに西欧建築のイメージがどれだけ引用されているかを競いあうようになったのである。そのなかで突出した活動を展開したのが磯崎新である。そのシンポジウムで磯崎は、自作をパラーディオ建築と対照させながら説明するプレゼンテーションをおこなった。それを聴いていたタフーリがいかにも不愉快そうな顔をしていたことを印象深く記憶している。磯崎は彼特有のアイロニカルな発想によって、日本人の西欧コンプレックスを建築化してみせたつもりだったのかもしれない。しかしそれに対してタフーリは、極東の島国の建築家がパラーディオを引用する必然性がどこにあるのかと訝ったにちがいない。タフーリ自身のモダニズム建築史観からすれば、ポストモダン歴史主義はもっとも退廃的なデザインだからである。タフーリの研究者である八束はじめによれば、当時のタフーリは『建築神話の崩壊』（一九七三年）『建築のテオリア』（一九七六年）『球と迷宮』（一九八〇年）というマルクス主義的な立場からの一連のモダニズム建築論をまとめ終え、モダニズムから現代にいたる建築の歴史的展開に関してかなり悲観的な評価を抱いていたらしい。そして一九八〇年代以降、タフーリは現代建築に対する批評家としての立場を捨て、建築史家としてのオーソドックスな研究活動に回帰していったのだという。

モダニズムへの両義的批判

日本の建築家が明治時代以降の西欧的なモダニゼーション（近代化）を明確に自覚するようになったのは第二次大戦以後である。それ以前の建築家はモダニズム建築の表層のスタイルをまねるだけだった。近代化の文化的自覚としてのモダニズム（近代主義）デザインは、基本的にプレモダン（前近代）のデザインを否定した。大学の建築教育においても、デザイン教育と建築史教育とは完全に分離していた。しかし一九六〇年代後半になると、戦後の急速な近代化がもたらしたさまざまな問題が噴出し、それに並行してモダニズム・デザインに対する反動としてポストモダニズム・デザインが勃興してきた。ポストモダンはプレモダンな歴史の再評価を通じてモダニズム自体の歴史性を明らかにした。そうした潮流の先鞭をとったのが先に挙げたコーリン・ロウやロバート・ヴェンチューリだが、そのなかでもっとも根源的なモダニズム批判をおこなったのがタフーリだったのである。

『球と迷宮』を読んでも明らかなように、タフーリのモダニズム批判は、モダニズムの反歴史主義に対してポストモダニズム歴史主義を対置するような単純な構図には納まらない両義的な批判である。彼はモダニズムの深部に潜む歴史性を抉りだし、その可能性と限界を明らかにしようとした。モダニズムに対してタフーリがそのような両義的な態度をとった理由は、彼の歴史観がフランクフルト学派のテオドール・アドルノやマックス・ホルクハイマー、あるいはその周辺で活動したヴァルター・ベンヤミンといったマルクス主義者たちの強い影響を受けていたからである。『球と迷宮』のなかでも詳しく論じられているように、バウハウスやロシア・アヴァンギャルドのような一九二〇年代のモダニズム・デザイン運動のなかには、マルクス主義の思想が色濃く混入していた。したがってタフーリとしてはモダニズムを単純に否定することはできなかったのである。

本書の序「歴史という計画＝企画」においてタフーリは、歴史を記述することはデザインと同じように明確な意図をもった計画＝企画であると主張している。つまりタフーリによる歴史の記述は、マルクス主義的な歴史観にもとづく記述ということである。この問題と関連して、タフーリは『建築のテオリアあるいは史的空間の回復』（一九七六年／八束はじめ訳、朝日出版社、一九八五年）において、「階級的批評はあっても、階級的建築はない」といういかにもマルクス主義者らしい主張をおこなっている。タフーリの立場からいえば、マルクス主義的な視点からの建築批評は可能であっても、マルクス主義の思想を表現した建築というようなものは存在しないということである。

一般的に、建築家は建築デザインにおいてみずからの思想を表現すると考えられている。建築家がなんらかの意図をもってデザインに取り組むという意味では、たしかにそのとおりである。しかしできあがった建築において、そこに当初意図されたとおりの思想を読みとることができるという保証はない。建築史家としてのタフーリの一連の建築史研究は、建築家たちが建築に表現しようとした思想＝イデオロギーを読みとることができるかどうかという問題をめぐって展開した。しかしながら最終的に彼はそれが不可能であるという結論に達したのである。タフーリの上記の主張は、思想と建築との関係は建築史家によるイデオロギー的な読みとりのなかにしか存在しないということを意味している。『球と迷宮』における「球」と「迷宮」のメタファーは秩序をめざした計画が必然的に無秩序なカオスをもたらすという主張だが、それは上記の主張の言いかえでもあるだろう。

本書において、タフーリは十八世紀のピラネージから説き起こし、一九二〇年代のヨーロッパ、ロシア、アメリカにおけるモダニズム・デザイン運動を経て一九六〇年代のジェームズ・スターリング、アルド・ロッシ、ルイス・カーン、さらには一九七〇年代のロバート・ヴェンチューリやホワイト&グレイの建築家たちの仕事を詳細に検討している。その論調はモダニズムの社会的ヴィジョンが徐々に失われ、モダニズム建築のスタイルをなぞるだけのフォルマリスム（形態主義的なデザインへと零落していく歴史として一貫している。本書は一九九〇年代の冷戦終結以前に書かれたため、冷戦時代の社会主義諸国の建築については論じられていないが、一九三〇年代に始まるスターリンの専制時代以降の反動的な建築デザインをみれば基本的な論旨は変わらなかっただろう。タフーリはソビエト連邦が崩壊した一九九一年の三年後、一九九四年に亡くなっている。この歴史的符合も偶然とは思えない。

マンフレッド・タフーリと鈴木博之

ぼくが大学生だった一九六〇年代後半には、まだモダニズムのデザイン教育が色濃く残っていた。

前にも書いたように西洋建築史や日本建築史の講義はあったが、デザイン教育との関係は皆無だった。そもそもデザイン教育を担当する教員が歴史的様式のデザインを全否定していた。当時、フランク・ロイド・ライトが設計した日比谷の「帝国ホテル」が解体されるというので、ぼくたち学生は見学に行き、その繊細で大胆な空間構成に圧倒された。その後の設計製図課題である学生が「帝国ホテル」に似た瓦屋根をデザインしたところ、教員にこっぴどく批判されたことを鮮明に記憶している。しかしながら一九六〇年代末の大学紛争を契機に、ポストモダニズムへの転換が急速に進み、建築史と建築デザインが一気に緊密な関係をみせるようになった。先にも述べたように、西洋建築史は建築デザインのアイデアを引きだすカタログのような存在になったのである。

タフーリの存在を知るようになったのは一九七〇年代の後半に「a＋u」誌や『建築の文脈 都市の文脈』（八束はじめ編、彰国社、一九七九年）を通じてである。『建築の世紀末』（鈴木博之、晶文社 一九七七年）が出たのも同じころである。タフーリの日本における代弁者ともいえる八束はじめが鈴木の著書に対して批判的な書評を書いたために、鈴木と八束のあいだでモダニズムの建築史観に関して激烈な議論が交わされたことはいまだに語り継がれている事件である。しかしながら当時のぼくの眼には、タフーリと鈴木は同じような歴史観をもった建築史家にみえた。両者とも建築史を進化論的にとらえるのではなく、一種の「敗者の歴史」としてとらえていたからである。さらに建築と思想との錯綜した関係を、モダニズムがそうしたように一筋縄にはとらえない点においても共通していた。とはいえタフーリがモダニズムを内在的に批判したのに対し、鈴木はプレモダンという外部からモダニズムを批判した。鈴木が焦点を当てた時代がイギリスの十九世紀だったのに対し、タフーリはおもに大陸のモダニズムに焦点を当てていた点も異なる。マルクス主義に対するスタンスにも相違があったかもしれない。ぼくが両者の微妙な、しかし根本的な相違を理解できるようになるのは一九八〇年代の半ばを過ぎてからである。

一九八五年に『建築のテオリア』の日本語版が出たとき、ぼくは「SD」誌（一九八六年一月号）に書評を書いた。そこでぼくは「歴史化＝脱神話化もまたひとつの〈伝統〉なのだ」と題して、反歴史的なモダニズムを歴史的に位置づけ、脱神話化＝相対化しようとするタフーリの視点も、モダニズムと同様にひとつの伝統ではないかと評した。ぼくが依拠したのはロラン・バルトが『神話作用』（篠沢秀夫訳、現代思潮社、一九八三年）で主張した「神話化に対する最良の武器は、今度は神話を神話化することであり、人工的神話をつくり出すことである」という論理だった。要するにタフーリの歴史化＝脱神話化という作業もひとつの伝統であると主張することによって、モダニズムという伝統の洗礼を受けたぼく自身の立場を相対化しようと試みたのである。ヴァルター・ベンヤミンの「複製技術時代の芸術作品」にもとづいて書かれた本書の第二章「〈等閑に付され得るオブジェ〉としての建築と批評的注視の危機」は、ぼくにとって後に「建築的無意識」（『建築の四層構造』INAX出版、二〇〇九年、所収）に展開するヒントとなった記憶に残る重要な論文である。

このようにぼくは、八束はじめ経由のマンフレッド・タフーリと鈴木博之から、建築に対する歴史的視点を学んだのである。ジークフリート・ギーディオンやニコラス・ペヴスナーといったモダニズム建築史家に対しては、タフーリと鈴木を通して逆遠近法的にアプローチする形になった。そのようなぼくの視点をコンパクトにまとめたのが一九八六年に「都市住宅」誌に連載した読書日記

『難読日記』である。一九八六年二月号のエッセイ「歴史が紡ぎ出すコード」は、ポストモダニズムの理論的根拠である記号論を建築史に結びつける試みである。

モダニズムの回帰

二〇一一年八月末、ぼくははじめてモスクワを訪れた。ロシア革命後の一九二〇年代のロシア構成主義の建築を見るためである。二日間という短期滞在だったので、訪れることができたのは比較的都心に近いコンスタンチン・メーリニコフ設計のルサコーフ・クラブ（一九二七―二九年）、バス操車場のガレージ（一九二六―二八年）、メーリニコフ邸（一九二七―二九年）、イアン・ゴーロゾフ設計のズーエフ・クラブ（一九二七―二九年）、モイセイ・ギンズブルグ設計のナルコムフィン官舎（一九二八―三〇年）、ル・コルビュジエとニコライ・コリィ設計のツェントロソユーズ（一九二八―三五年）といった建築だけだった。ズーエフ・クラブは一部に新しい屋根が架けられてはいたが、現役で使用中であり、バス・ガレージはギャラリーにコンバージョンされ、ツェントロソユーズは改装中だった。ルサコーフ・クラブとメーリニコフ邸はかなり傷んだ状態で放置されていた。ナルコムフィン官舎はもっとも悲惨で、修復計画はまったく実施されておらず、ほとんど廃墟になりかけていた。

現在は完全に資本主義化されているロシアにおいては、第二次大戦以降に建設された、いわゆるスターリン・スタイルの建築は現役で使用されていたが、戦前の近代建築は総じて冷遇されていたように思う。ほとんど装飾のないザッハリッヒなデザインと機能性を追求した切り詰められた空間

次ページ上・ルサコーフ・クラブ。下・バス操車場のガレージ。197ページ上・メーリニコフ邸。下・ズーエフ・クラブ

БАХМЕТЬЕВСКИЙ АВТОБУСНЫЙ ПАРК
МОСКОВСКОЕ КОММУНАЛЬНОЕ ХОЗЯЙСТВО
III
IV
V

Н955ТС 199

が、その後のプログラムの変化に対応できなかったのかもしれない。ともかくモダニズム建築の一画を担ったロシア構成主義の建築が、八十年以上を経てモダニズムの「計画」の限界を体現しているようにみえたことは確かである。

では、二〇一一年以後にタフーリを読み返す意義はどこにあるのだろうか。一九九〇年代の社会主義諸国の解体は、マルクス主義が主張しモダニズム思想がめざしたトップダウンの計画の不可能性を証明した。それはポストモダニズムが主張する「大きな物語」の失墜と並行している。タフーリの一連のモダニズム批判は、その理論的背景を明らかにしている。それは社会主義諸国がめざしたような「球＝計画＝物語」は単一で巨大であってはならないこと。しかし同時に一九八〇年代以降の新自由主義経済の世界的浸透が主張したような自由放任的な「迷路＝カオス」は、結果的に多国籍資本の巨大化をもたらし経済格差を拡大するだけであることを示唆している。正しい答えはおそらく「球と迷宮」の中間、あるいは両者を止揚したところに存在するはずである。

東日本大震災の復興計画は、その試金石となるだろう。今回の震災は地域をこえた巨大なスケールの災害だったために、国家レベルでの復興政策が不可欠である。しかしそれはけっしてトップダウン的に進められるべきではなく、各地域の自主的でボトムアップ的な計画の統合によって支えられるべきである。復興計画においては、生産施設の再建のみならず住居の再建を中心に置くべきである。震災の復興は、住居の再建を生産に結びつけることによって加速するだろう。「球と迷宮」は対立しているのではなく、相補的に存在している。計画があるからこそカオスが浮かびあがるのであり、カオスが浮かびあがるからこそ、さらなる計画が推進されるのである。今回の震災復興は、

右ページ上・ナルコムフィン官舎。
下・ツェントロソユーズ

新自由主義思想によって長いあいだ抑圧されてきたモダニズムの計画思想の回帰をもたらすことは間違いないように思われる。

『混沌からの秩序』を読む

プリゴジン、スタンジェール

ノイジーな計画学

中川純＋田中渉

時間こそプリゴジンが一貫して探求した問題であった。イリア・プリゴジンはロシア革命の年にモスクワで生まれ、その後社会主義となったソ連を逃れて、ベルリンを経由しブリュッセルにたどりつく。フランス語圏のベルギーで育ったことは、彼が早い時期からベルクソンにふれ、時間に関心をもったというエピソードに一役買っているかもしれない。一九七七年、「非平衡系の熱力学に関する業績」でノーベル化学賞を受賞したプリゴジンは、ニュートンの著作『プリンキピア』以来三世紀にわたって続くニュートン的な世界、つまり可逆の世界に不可逆な時間をもちこんだ。彼の世界観が生物学と物理学、偶然と必然、自然科学と人文科学などふたつに分裂してしまった西洋の思考に橋を架けたといえる。「我々が住んでいるこの奇妙な世界を首尾一貫して記述するためには、この両概念とも必要だ」(1)

デザインの実践者もまた、決定論的な作業と不可逆な時間とのギャップに強い苦手意識を感じてきた。プリゴジンの世界観を安易に計画学へと適用することはできないが、これからの計画や設計を考えるとき、このギャップにこそ希望があることを本書は教えている。

虫瞰的な都市理論

散逸構造のヴィジョンは複雑系の科学として生態学や社会学、経済学といった他分野に広く応用されることになり、自己組織化、複雑性、時間といった概念は新しい役割を演じることになった。いくつかの事例がスティーブン・ジョンソンの『創発』に紹介されている。

人工知能の古典といわれているオリバー・セルフリッジは論文「Pandemoniumu」(一九五九年)において、文字を自動的に認知するシステムをつくるために、みずからを改善することで処理をするプロセスモデルを考案した。そのモデルはすべての文字を認識するような賢いプログラムではない。単一の形だけを認識するような低次なプログラムの集合をつくり、高次のプログラムにはその形の情報をもとに文字を推定するよう命令する。推定された文字はフィードバックを得ることで形と文字の連携を強化し、この一連のプロセスを繰り返すことによって文字認識の精度を高めてゆく。このほかにも、低次のルールをもった個別体の集合から高次のシステムへと向かうボトムアップ型のモデルや、自己組織化したシステムの個体が全体を把握せずに行動しているにもかかわらず、結果的に全体として秩序が保たれる事例として神経細胞や蟻の巣を紹介している。そして都市についても、ジェイン・ジェイコブズの『アメリカ大都市の死と生』を次のように引用している。

「古い都市がうまく機能しているところすべてでは、一見した無秩序の下に、街路の安全と都市の自由を維持するためのすばらしい秩序があります。それは複雑な秩序です。その本質は歩道利用の親密さであり、それは目の絶え間ない移り変わりを伴っています。この秩序はまたすべて移動と変化で構成されています。それが芸術ではなく生命であるとはいえ、それを気取って都市の芸術様式と呼び、踊りに例えてみてもいいでしょう――全員が同時に足を上げ、そろって回転しては一斉におじぎをするような、単細胞で厳密な踊りではなく、個別の違ったダンサーやアンサンブルが別々のパートを持ちながら、それがお互いに奇跡的に強化しあって、秩序立った全体を構成するような複雑なバレーです(2)」

ジェイコブズは、街路や商店が、都市の観察から導かれた小さな気づきに従って変化することにより、複雑で魅力的な街並みに発展することを証明した。彼女の都市理論が複雑系のモデルとして扱えるのはそのためであろう。ジェイコブズは最終章「都市とはどういう種類の問題か」のなかで、ノーバート・ウィーナーの科学思想における歴史の発展について詳細に検討し、近代都市計画学はほとんど無意識的に物理学の模倣をしていると指摘した。統計的なふるまいで都市を捕まえることに終始して、組織立った複雑な問題を扱うまでには達していないと批評したのである。これは、プリゴジンによる近代科学の歴史に対する批評と重なっている。都市を組織化された複雑性の問題としてとらえなければ、都市を分析するにも計画するにも不十分である。私たちが住むこの奇妙な街について語るには、鳥瞰的な都市理論と虫瞰的な都市理論という両方の視点が必要なのである。

近年、デジタルテクノロジーの発展により複雑系の科学を応用した設計手法がさかんに議論されるようになった。設計条件のパラメータを増やしてアルゴリズムから複雑な形態を生成したり、CFD（Computational Fluid Dynamics）の原理を応用したリバースシミュレーションから最適な形態を導く方法などが研究されているが、ここでは複雑系の科学を形態操作の方法論に適用するのではなく、不可逆な時間を建築設計に取り込む問題について考えてみたい。発電所から美術館へと姿を変えた「テート・モダン」、屠殺場を転用した上海の商業施設「一九三三」など魅力的な空間の転用が多くある一方で、あらかじめ新陳代謝を組みこんだメタボリズムの建築群は設計の意図に反して取り壊されている。メタボリズムが解決できなかった時間と空間の隔たりについて、多木浩二は『生きられた家』のなかで次のように述べている。

「ある時点でつくりだされた建築と、その後の社会的な状況の変化のあいだのギャップが建築家を悩ましたことがあった。このギャップの解決が、建築において空間を時間に結びつける問題だと考えられ、増殖する建築、成長するパターンなどさまざまなアイディアが提出され前衛的な話題をにぎわしてきた〔…〕。計画することと経験することのちがいが充分に理解されていなかった。だから、変化は予想され、予定調和的な時間解釈に人間をとじる結果になりかねないのである」(3)

メタボリズムを複雑性の問題として解釈しなおすのならば、時間を予測可能なものではなく不可逆で非線形的なものとして扱う必要があるだろう。外部の要因から誘発された小さなゆらぎが自己組織化して創発する世界においては、ゆらぎの相互作用が重要なのであって、現象を個々の要素に分解したものを再構築することは原理的に不可能なのである。

一方で、転用というのは、もともとの機能が剝ぎとられ、新たな秩序が付与される必然化の過程である。イタリアに多く点在する円形競技場もまた、変転する時間のなかで住居に転用された事例である。アルド・ロッシは『都市の建築』（大竜堂書店、一九九一年）のなかで円形競技場の転用について次のように述べている。

「円形競技場が西ゴート族によって砦に変えられ、それ自体が小さな都市を囲い込み、二千人の住民を抱えていた〔…〕。円形競技場はきっちりとした形態を備え、その機能を明確に体現した形となっている。それはもともと、無造作な容れ物として考えられたものではなかったのであって、それどころか綿密に考え尽くされた構造、建築表現、形態をそなえていたはずである。しかしそれを取り巻く外的状況変化は、それは人類の歴史上もっともドラマチックな瞬間の一つであったのだが、その機能をくつがえし、円形劇場が都市になってしまったのだ。この劇場＝都市はその上、城砦でもあった。それが囲い込み守っていたのは、一つの都市まるごとだったのである」[4]

円形競技場が、競技場から要塞そして住居へと転用された過程は黒田泰介の研究[5]と中谷礼仁『セヴェラルネス』（鹿島出版会、二〇〇五／二〇一一年）に詳しく述べられている。それによると、建築がその機能を奪われ転用される過程には必ず時代の制約があり、機能を奪われ不安定な状態になると、都市の人々は建築の形態に潜む限界を見極めたうえでそこに適応しようとする。侵略の時代、円形競技場はその堅牢性から要塞として機能し、時代が変わって支配体制が安定すると放棄された要塞に人が不法に住みはじめる。経済が発展し住居が早急に求められるようになると、円形競技場は住居に近いスケールをもっていることから、最小限の操作を施すことによって集合住宅へと変化する。その集合住宅もまた外部へと拡張され、都市へと変化していった。これは、不可逆な時間と機能の断絶が、都市に住む人々のノイズと組み合わさることにより新しい建築の形式へ流転していくプロセスだったと解釈できるだろう。

ノイズの意識的適用

あるシステムが決定論的法則に従って変化しているにもかかわらず、全体が複雑な様相を呈するとき、システムはより高い秩序へと向かう。しかし、ジェイコブズの都市理論や円形競技場の転用過程のように、「混沌からの秩序」を現象の観察や歴史の検証から導くことは可能でも、未来を予測する方法論に適用することはできない。また、コンピュータを使ったシステムに複雑系のモデルを適用することは可能でも、人間はノイズのかたまりなので単純にモデル化することはできない。では、複雑系の科学からは何を学ぶことができるのだろうか。『混沌からの秩序』は次の言葉で結ばれている。

「希望と考えるのは、小さなゆらぎでさえも成長して、全体構造を変えうるからである。それゆえ、個々の活動は無意味なこととして運命づけられてはいない」(6)

複雑系の科学は事象を的確にとらえるためには有効な手段だが、計画の方法論に適用することはできない。むしろ、その不可能性を受け入れつつ、明確な仮説的判断を、フィードバックを繰り返しながら決定論的に反復する「ノイジー」な実践にこそ希望があることを教えているのである。

注

（1）「時間と創造――イリヤ・プリゴジンに聞く（インタヴュアー浅田彰）」、「InterCommunication」二十三号、NTT出版、一九九八年。
（2）スティーブン・ジョンソン『創発――蟻・脳・都市・ソフトウェアの自己組織化ネットワーク』山形浩生訳、ソフトバンククリエイティブ、二〇〇四年、四九―五〇ページ。
（3）多木浩二『生きられた家』岩波現代文庫、二〇〇一年、二〇一ページ。
（4）アルド・ロッシ『都市の建築』大島哲蔵、福田晴虔訳、大竜堂書店、一九九一年。
（5）黒田泰介「古代ローマ円形闘技場遺構の住居化について――イタリア都市における古代ローマ円形闘技場遺構の再利用の様態に関する研究　その2」。URL=http://ci.nii.ac.jp/naid/110004654650
（6）I・プリゴジン、I・スタンジェール『混沌からの秩序』伏見康治、伏見譲、松枝秀明訳、みすず書房、一九八七年、四〇三ページ。

決定論的カオスの教え

難波和彦

『混沌からの秩序』を読んだのは、日本語訳が出た直後の一九八七年である。ちなみに原著の仏語版は一九七九年に、英訳版は一九八四年に出版されている。八〇年代後半の日本は、バブル経済の真っ最中だった。カオス理論、複雑系、揺らぎ、フラクタル、不確定性、不可逆性といったテーマは、本来は自然科学のテーマなのだが、当時は経済学や社会学にも頻繁に適用されていた。それは当時の不確定で先の見えないダイナミックな社会状況にふさわしいテーマだったからかもしれない。世界的にみれば一九八〇年代は、一方では西欧諸国が戦後のケインズ主義的な政策から新自由主義経済政策へと転換しようとしていた時代であり、他方では社会主義諸国が一九八九年のベルリンの壁の崩壊、一九九一年のソビエト連邦の解体へと突き進んでいた時代である。アジアでは、一九七〇年代末に始まる中国の改革開放への政策転換と一九八九年に北京で勃発した天安門事件、その後の社会主義市場経済への移行は、一連の社会主義諸国の崩壊に対する中国独自の反応（抵抗）だった。これらの潮流は明らかに相互に影響をおよぼしあっていた。しかし、これは現時点から振り返ってはじめて可能な逆遠近法的な歴史解釈にすぎない。当時は時代が激しく動いていることは実感できても、具体的に近未来がどうなるかは、まったく予想できなかった。

『混沌からの秩序』という本書のタイトルは、そうした不確定な状況を前向きにとらえようとする希望を反映していたような気がする。本書において論じられている新しい秩序観は、そのような時代にふさわしい視点を提供しているように思えたのである。もしもバブル崩壊後の一九九〇年代だったら、本書はまったく異なる視点から読まれたことだろう。現在ふたたび本書が読みなおされるのだとしたら、先の見えない閉塞的な時代状況をなんとか前向きにとらえるヒントを求めてなのかもしれない。

古典力学から複雑性の科学へ

本書のテーマは、十七世紀末のニュートン力学から現代の複雑性の科学にいたるまでの約三百年の自然科学の歴史をたどりながら、時間の不可逆性が物理学において証明されるようになった経緯を紹介することである。

「歴史において、もしもという問いはタブーである」といわれるように、時間、つまり歴史の不可逆性は常識的な見解である。だから、いまなぜそれが問題になるのか不可解に思われるだろう。しかしながら、もっとも客観的な科学と考えられている物理学においては、依然として時間は可逆的と考えられているのである。マクロな社会科学や歴史学においては常識となっている不可逆性を物理学においても再認すること。これが本書のテーマである。結論部分では、最近になってようやくミクロな物理学の言語によって時間の不可逆性を表示できるようになったことが紹介されている。

一般的には、量子力学における不確定性原理や一般相対性理論における時間の相対性は、いずれも時間の不可逆性を客観的に証明したものだと考えられてきた。しかし本書では、それは間違いであることがはっきりと指摘されている。歴史における時間が不可逆であることは誰もが認めている。しかし、物理学における不可逆性の証明は予想以上にむずかしいのである。それはなぜだろうか。

ニュートン力学における時間は完全に可逆的である。十九世紀に誕生した熱力学によって、エネルギーとは異なるエントロピー概念が導入され、熱化学的反応におけるエネルギー保存則（第一法則）とエントロピー増大の法則（第二法則）が確立された。エントロピーの増大は熱化学的反応の不可逆性を示す指標だが、それは多数の粒子の挙動を統計的にとらえることによってもたらされる。これに対してアインシュタインは、時間の不可逆性は観測の不正確さ（人間の無知）によって生じる結果にすぎず、本質的には時間は可逆的であることを終生信じていたという。それは「神はサイコロを振らない」というアインシュタインの箴言に集約されている。量子力学の方程式においても、時間は可逆的で対称的なパラメーターとして導入されているのである。

本書の著者であるプリゴジンやスタンジェールは、熱力学、生化学、進化論などの不可逆な系を調べることによって、当初は無秩序な系（システム）が平衡状態から離れた条件のもとで外部に開かれているとき、エントロピーを排出しながら、ある秩序を生みだすことを発見した。プリゴジンは、このようにエントロピーを生成しながら生みだされる自己組織的な秩序を「散逸構造」と呼んだ。このあたりの経緯について、本書ではこうまとめられている。
「「全体としての行動」が、それを構成している素過程よりも重要であると前提なしには言うことができない。平衡から遠く離れた条件下での自己組織化過程は、偶然と必然の間の、ゆらぎと決定論的法則との間の、微妙な交錯を表現している。分岐点の近くでは、ゆらぎつまり乱雑な要素が重要な役割を演ずるが、次の分岐点に達するまでは決定論的な側面が優勢になると期待される」（二四一ページ）

この「分岐点」が時間の不可逆性の決定的なあらわれであるとプリゴジンはいう。こうして時間の不可逆性は、系の複雑さに結びつけられることになった。存在するもっとも複雑な系は人間社会であり、その歴史であることはいうまでもない。しかし、社会や歴史をモデル化した方程式を得ることはできない。したがって社会や歴史に関しては「平衡から離れた、開かれた系」はひとつの世界観にならざるをえない。それではミクロな物理学においては、依然として不可逆性は無知の指標なのだろうか。この点についてプリゴジンとスタンジェールはこう述べている。

「力学の世界は、古典論であれ量子論であれ、可逆な世界である。〔…〕力学の世界には進化と結びつくようなものは何もない。力学の言葉で表現された「情報」は一定のままである。したがって今、物理学に進化のパラダイムが存在することを――巨視的な記述のレベルにおいてだけでなく、すべてのレベルにおいて――確立できるということは非常に重要である。もちろん無条件ではない。すでに述べたように、最小限の複雑さが必要である。不可逆過程の測り知れない重要性は、ほとんどの興味ある系について、この要求が満たされていることを示している。注目すべきことに、一方向性の時間を知覚することは、生物的組織化のレベルが高いほど向上し、おそらく人間の意識においてその最高点に達する。

この進化のパラダイムはどの程度一般的か。それは無秩序に向かって時間発展する孤立系も、ますます高い複雑性に向かって時間発展する開放系も含んでいる。社会問題や経済問題を扱った多数の論者が、このエントロピーの隠喩に魅せられたことも驚くにはあたらない。社会・経済問題に適用するには当然ながら注意を要する。人間は力学的対象物ではないので、力学を基盤とした選択原理の形で、熱力学への移行を定式化することはできない。人間のレベルでは、不可逆性はわれわれの存在の意味から切り離せないもっと根本的な概念である。それでも本質的なことは、この観点からは、不可逆性に関する内的感覚を、われわれを外的世界と疎遠にするような主観的な印象として見るのではなく、進化のパラダイムによって支配された世界へわれわれが参加していることの証拠として見ることである」（三八三—三八四ページ）

存在から生成へ

本書の最終的な目的は、事象の不可逆性をミクロな物理学において証明することによって、西欧思想の根底に潜んでいる均質で可逆的な時間概念を、生成し進化する時間概念に転換させることである。プリゴジンとスタンジェールは、西欧思想のさまざまな時間概念の歴史をたどりながら、時間の不可逆性が人間相互のコミュニケーション、すなわち知識の増加と深く関係していることを明らかにしている。これは、あらゆる情報交換（信号の伝達）は光速をこえることができないという一般相対性理論から導きだされる法則である。同じ理由から、時間の方向を逆転させるためには無限の情報が必要になるので、過去に向かって時間を進めることはできない。これをプリゴジンは「エントロピー障壁」と呼んでいる。逆にいえば、古典力学の世界では新しい情報が生成される余地はない。情報は初期条件にすべて含まれており、その後の運動の経過は初期条件によってすべて決定づけられている。したがって時間は可逆的なのである。

エントロピー障壁がもたらす時間の不可逆性が明らかになることによって、ハイデガーの『存在と時間』やホワイトヘッドの『過程と実在』が問うている西欧思想における「存在者」と「存在」の相違の問題を、「存在」と「生成」の相違として科学的に説明することが可能になる、とプリゴジンとスタンジェールは主張し、こう述べている。

「古典力学も量子力学も（軌跡ないし波動関数に対する）任意の初期条件と決定論的法則とに基礎を置いている。ある意味では、法則は、すでに初期条件の中にあるものをはっきりさせたにすぎない。不可逆性を考慮すると、もはやそうは言えない。この視点から見ると、初期条件は先行する進化から生じ、後続する進化によって、同じクラスの状態に変換される。

こうして、われわれは西洋存在論の中心問題に近づく。すなわち、存在と生成の関係である。〔…〕今世紀の最も影響力のある仕事のうちの二つが、まさにこの問題に捧げられていることは特筆に値する。〔…〕しかし明らかに、存在を時間に還元することはできないし、また時間的な意味あいが全く欠けた存在を扱うこともできない。不可逆性の微視的理論がめざす方向は、ホワイトヘッドとハイデッガーとの思弁に新しい内容を与えるものである。〔…〕系の状態の中に集約されている初期条件は、存在に結びつけられるが、これに対して、時間変化の法則は、生成と結びつけられるということを注意しておきたい。

われわれの見解では、存在と生成は互に対立するものではなく、相互に関連する実在の二つの側面を表している」(三九九―四〇〇ページ)

古典力学や量子力学における法則は任意の初期条件の展開にすぎないという意味において、一種のトートロジー(同語反復)であるという指摘は興味深い。そのように考えれば、これまでの理論物理学がアインシュタインの一般相対性理論にいたるまで数学的思考から生みだされてきた理由も理解できるのではないだろうか。なぜなら、数学こそがトートロジーの体系にほかならないからである。グレゴリー・ベイトソンも『精神と自然』のなかで同じようなことを言っている。逆にいえばアインシュタインが数学的思考から一般相対性理論のアイデアを得ることができたのは、物理学がトートロジーの体系だからであり、そのためには時間が可逆的である必要があったのである。

同じような考え方を、建築・都市の計画・設計にも当てはめてみることができるだろう。計画・設計とは、未来を先取りする行為というよりも現在のアイデアを未来に当てはめる行為である。たとえ計画・設計のなかに時間がパラメーターとして組みこまれていたとしても、それはあくまで現在における時間にすぎない。古典的な時間、すなわち静的で安定したトートロジカルな時間(歴史)のなかであれば、そのような計画・設計は通用するかもしれない。しかし、ダイナミックで不確定な時間のなかでは、そのような計画・設計は通用しないだろう。トートロジカルな時間を前提にした計画・設計を、不確定な時間(歴史)に当てはめようとしたのがモダニズム・デザイン運動の限界だったのではないか。モダニズムの建築に時間が感じられないのは、そのあたりに理由があるのかもしれない。

とはいえ、そのような計画・設計の考え方は現在でも依然として持続している。不確定で不安定な時間のなかにおいても当初の計画・設計どおりに実現することがプロフェッショナルの仕事だと考えられているからである。計画・設計の段階や工事の段階でフィードバックのない建築ほどつまらないものはない。しかし、社会はコストに跳ね返るようなフィードバックを認めない。銀行、ディベロッパー、役所はいったん決めたことを変えるのを極度に嫌う。ぼくたちは日々そういう融通性のないシステムとつきあっている。では不可逆な時間にふさわしい、すなわち存在と生成を統合するような計画・設計のシステムの構築は、はたして可能なのだろうか。

決定論的カオス

ぼくは長いあいだ、決定論的カオスの原理を本書から学んだと思いこんできた。しかし本書には決定論やカオスという言葉は頻出するが、決定論的カオスという言葉は一度も出てこない。本書の第九章「不可逆性——エントロピー障壁」においてプリゴジンは、ミクロな力学系における時間の不可逆性の証明を試みている。そのなかで、決定論的であるにもかかわらず還元不可能な統計的側面をもった不安定な力学系として「パイこね変換」や「剛体球の散乱」が紹介されている。これらはいずれも決定論的カオスの例である。

決定論的カオスとは、決定論的な構造（方程式）をもっていながら、その自己反復的な適用によって初期条件の微細な差異が拡大され、予測できないカオス的なふるまいを示す系のことである。その系は、ある条件が与えられると明確な秩序を生みだすことがあるが、それを前もって予測することはできない。そのような予測できない秩序の生成は「創発 emergency」と呼ばれている。それはプリゴジンがいう散逸構造に近いが、展開の各段階が決定論的である点が異なっている。

本書の初版は一九七九年なので、その時点ではコンピュータの能力はそれほど高くなかった。決定論的カオスが脚光を浴びるのは、コンピュータの計算能力が増大し、自己反復的計算が簡単にできるようになってからである。本書の日本語訳が出たのは一九八七年だが、巻頭の「日本語版へのはしがき」には、本書をまとめた後にふたつの重要な進歩があったことが述べられている。ひとつは「散逸過程の現象論的記述」において、散逸系を記述する方程式が「初期条件に敏感であること」が発見されたことである。これによってフラクタル・アトラクターなるものの存在が明らかになった。これが、初期状態はいかに正確であっても有限の正確さでしかわからないことの結果として生まれる決定論的カオスの発見である。もうひとつは「散逸過程の解釈」において、不可逆性がアインシュタインが考えたような客観的な意味をもたない近似の産物ではなく、理論的な記述の基本レベルにおいて意味をもつことが証明されたことである。このふたつの発見によって、現象論的なレベルでは時の矢は実在するが、物理学のミクロな基本方程式においては、それが否定されているという矛盾が解決された。つまり時間をもつ主体と時間をもたない客観世界という二元論的な矛盾も解決され、時間の不可逆性が世界の本質的な属性であることが証明されたのである。

この結果、決定論的カオスの理論は、物理学や生物学だけでなく、社会現象、政治的決定、計画や設計の作業などさまざまなプロセスに対して、たんなるメタファーとしてではなくリアルな構造として適用可能であることが明確になった。

ぼくの考えでは、決定論的カオス理論は、計画や設計に関してふたつの実践的適用の可能性があると思う。ひとつは、不確定で不安定な設計与条件への対応である。決定論的カオス理論から、ぼくたちは古典的な正確さを追求するために不確定性や不安定性と闘うのではなく、不確定性や不安定性を可能性の拡大としてポジティブに受け入れながら確定へ向けた努力を続けるという教訓を学ぶことができる。つまり予測できない不確定な状況においても、クリアな仮説的判断をその都度フィードバックしながら反復適用しつづけるということである。そして、その反復のなかで「創発」へのテンションを上げていくわけである。しかしながら現実の制度やシステムは、それほどフレキシブルにはできていない。だから硬直化した制度やシステムを変えることも重要な課題となるだろう。ぼくたち自身の対応をフレキシブルにするだけでなく、環境条件をフレキシブルに変えることも重要な条件なのである。

もうひとつは、民主主義そのものに関わる問題への適用である。民主主義の原理とは、通常、少数であっても個人の意見を尊重することである。しかし、全員の意見をひとつにまとめることはできない。通常は人びとの意見を拾いあげ、それらを折衷することによって、ひとつの意見にまとめること、ときには多数決によって決定することが民主主義的な判断だと考えられている。しかしながら建築・都市の計画・設計においては、そのような手続きではけっして優れた結果は生まれない。むしろ自己の意見を明確に主張し、相手の意見とのぶつかりあいのなかから予想のできない仮説や提案を生みだそうとすること。つまり折衷ではなく、決定論的な意見のぶつかりあいによって、異なる意見が乱立するカオティックな状況から創発的なアイデアを生みだすことをめざすことが真の民主主義的デザインではないかと考える。これが伝統的な弁証法の現代的な解釈である。

Ⅳ　歴史の底流

『建築における「日本的なもの」』を読む

磯崎新

建築における「国家的なもの」のゆくえ

千種成顕＋梅岡恒治

制度論としての『建築における「日本的なもの」』

著者である磯崎新はこれまでその著作のなかで、日本建築やそれにまつわる出来事を論じ、従来の日本建築史観を覆すような論点を提示してきた。そして建築家が歴史を批評し、それを作風にも生かすという彼の批評的建築家のスタイルは、歴史家だけではなく建築家にも多大な影響を与えてきた。そのなかでも「和様化」という概念は磯崎の創作活動の根幹にかかわる考え方であり、『建築における「日本的なもの」』においてももっとも重要な概念である。そこで「和様化」について磯崎が語る定義を引用する。

「その（「日本」における美的生産物の）形式や、技法は日本でうまれたというより、時代を通じて外部である朝鮮・中国・西欧から輸入されたものがほとんどです。だが、一定の期間を経ていくうちに、洗練、適応、修正などの操作によって、いかにも「日本的なるもの」に変形されていきます。

私はそれを「和様化」(ジャパネスキゼーション)と呼んでいるのですが、ここには奇妙な法則があるように思えます。外圧－内乱－輸入－和様化という一連の出来事が日本の歴史上、七世紀、十二世紀、十六世紀、十九世紀に発生しています。ここで指摘した世紀が外圧・内乱、そして輸入の世紀で、その中間期が和様化です」(『始源のもどき』鹿島出版会、一九九六年、九三ページ)

つまり、「和様化」とは、日本＝島国という地政学的影響を受けながら、外部と内部を差別化し、外部からの視線によって自己を規定する変容のプロセスを意味している。本書では、ここで語られているように四つの時代(十九世紀の和様化は二十世紀にまたがっている)において「和様化」によって生みだされた建築における「日本的なもの」を論じることが主題となっている。

本書の構成をみてみると四章から構成されており、大きくは第一章と二―四章のふたつのパートに分けて読むことができる。二―四章はカツラ、重源、イセとして具体的な建築を読解しており、第二章のカツラにおいては作者不明におけるキッチュの根源としての「遠州好み」を、第三章では和様化される前の特異点として浮かびあがる作家重源をとりあげ、純粋幾何学形態や構築性といった磯崎の主要な建築的関心を見てとることができる。そして第四章のイセにおいては、起源が明かされないことによる「始源のもどき」といった建築の意味構造がとりだされている。これら後半の章は、「和様化」を建築を形づくるひとつの「制度」としてとらえたとき、その制度と建築の結びつきの歴史的検証と位置づけることができる。

一方、第一章では、まず十九世紀から二十世紀にかけて建築家たちが国家という制度に依存もしくは利用しながら、近代建築の「和様化」をおこなってきたことを論じている。そしてそれらを総括するかたちで、大阪万博以後の日本において国家を建築が表象する意識が希薄化していくなかでの建築の制度の移り変わりを自身の設計の思考過程と重ねながら論じているのが特徴的である。本書では、磯崎が提示した日本固有の「和様化」という概念が日本の近代化の過程のなかで国家という制度とどのように結びついてきたか、歴史的検証だけでなくその現在進行形の変化にまで踏みこんで論じている。この点で本書は、日本建築における「和様化」論という枠組みをこえて、国家を中心的な関心とした建築における制度論として位置づけることができるであろう。そこで本論では、磯崎が論じた制度論の足取りを追いながら、現代における建築の制度論にまで話題を広げて論じてみたいと思う。

「国家」の溶融と「グローバリゼーション」の進行

まず、古来から近代にかけて一貫したサイクルとして発生していた「和様化」が国家間の境界の希薄化、国家という制度の弱体化によって終焉を迎えるまでの過程を、本書の第一章や磯崎の言説を追いながらみていくこととする。

一章は前半四節までと後半五節以降では大きくその内容が異なる。四節までは、十九世紀以降から一九五〇年代くらいまでに国際建築様式と日本の歴史的建造物の様式がどのように結びつけられてきたか、近代化以降の建築家が国家という制度とつかず離れずの関係を保ちながら、「日本的なもの」に対する立ち位置をどのようにとってきたかが、その時代の政治的背景をもとに解き明かされている。建築における近代化が日本のなかでいかに受容されてきたかを歴史的に読みとくことで

「和様化」の総括をおこなっている。

一方、五節からは、一九五〇年代以降、国家を表象するいままでの「和様化」のサイクルに変化が生じたことを明かし、磯崎自身が建築界で活躍していくなかで、自身の体験と作品から「日本的なもの」、そしてそれを要請する国家との距離をはかっている。そのなかでも、磯崎の代表作である「つくばセンタービル」（一九八三年）は象徴的な作品である。

「つくばセンタービル」の計画において、磯崎は、国家的プロジェクトとして「日本的なもの」が暗に求められていることを理解していた。「ニュータウン」という歴史性の欠如、「広場」という非日本性から計画の基礎的条件自体が虚構にすぎないと考えた磯崎は「日本起源とみえる要素を注意深く排除」し、西欧の「記号」を引用、物質化させた設計をおこなった。ここでは「国家」は表象されていない。かつて近代化の過程においては、「日本的なもの」が表象するものは「国家」を表象するものであったが、大阪万博（一九七〇年）以降その構図は成り立たなくなったと磯崎は考えていた。自身の建築を成り立たせる大きな制度認識をモードチェンジさせたのであった。

「情報の網目がはられ、すべての出来事が瞬時に世界に伝播する。国境線はその内側に中心を形成していたのに、世界同時性は民族国家を保持する求心力を弱め、同時に国境線を無化する。〔…〕内外の視線の交錯する境界線上に立ちあげられることによって、内側にむかう求心力が強化する「日本的なもの」という問題構制ははたして存続しうるのか」（『建築における「日本的なもの」』一〇六—一〇七ページ）

ここで磯崎はグローバリゼーションによる「国家」という境界線の消失＝外部の消失によって、

「和様化は終わる」（「GA JAPAN」十三号、一九九五年）とはっきり述べている。[1] 外部と内部の境界が消失した均質状態において、「日本的なもの」を「和様化」という枠組みから問うことがむずかしくなってきたというわけである。

また、この議論は近年、批評家のフレドリック・ジェイムソンが本書の英訳版に対する批評[2]とそれに対する磯崎の新しい認識もふまえた回答[3]という形で展開されているので、ここでとりあげてみたい。ジェイムソンは、「個別文化主義的な問いかけ」として「日本的なもの」を問うことがたんに「西洋的空間の実践者にとってエキゾチックな好奇心の対象」にとどまるか、「身近に感じられるもの」となりうるのかと疑問を投げかけている。そのうえで、磯崎のいう「間」の概念に普遍性の糸口を見いだし、「グローバリゼーションのもとで、日本はもはやかつての国家主義的、個別文化主義的な形で存在することはない」という締めくくりをしている。それに対し磯崎は、フレドリック・ジェイムソンの批評を文化論の視点とし、「金融資本主義によって起動」される「新世界システムのなかでの都市論」として応答をしている。ここで、磯崎は、「文化論は市場メカニズムを無視しては組み立てられなくなった」とし、新たな文化論として「都市論」の枠組みをもちだすことで、「グローバリゼーションのツナミ」を乗りこえる手がかりを模索している。

ここでの彼らの共通認識としては、グローバリゼーションという新たな枠組みのなかでは、国家という制度が機能しなくなったいま、個別的文化の新たな制度を模索する必要がある、ということである。グローバリゼーションは、均質化と差異という経済のシステムによって必然的に国家という制度を弱体化させた。国家という強い制度は世界全体の流通システムにとっては妨げになり、コ

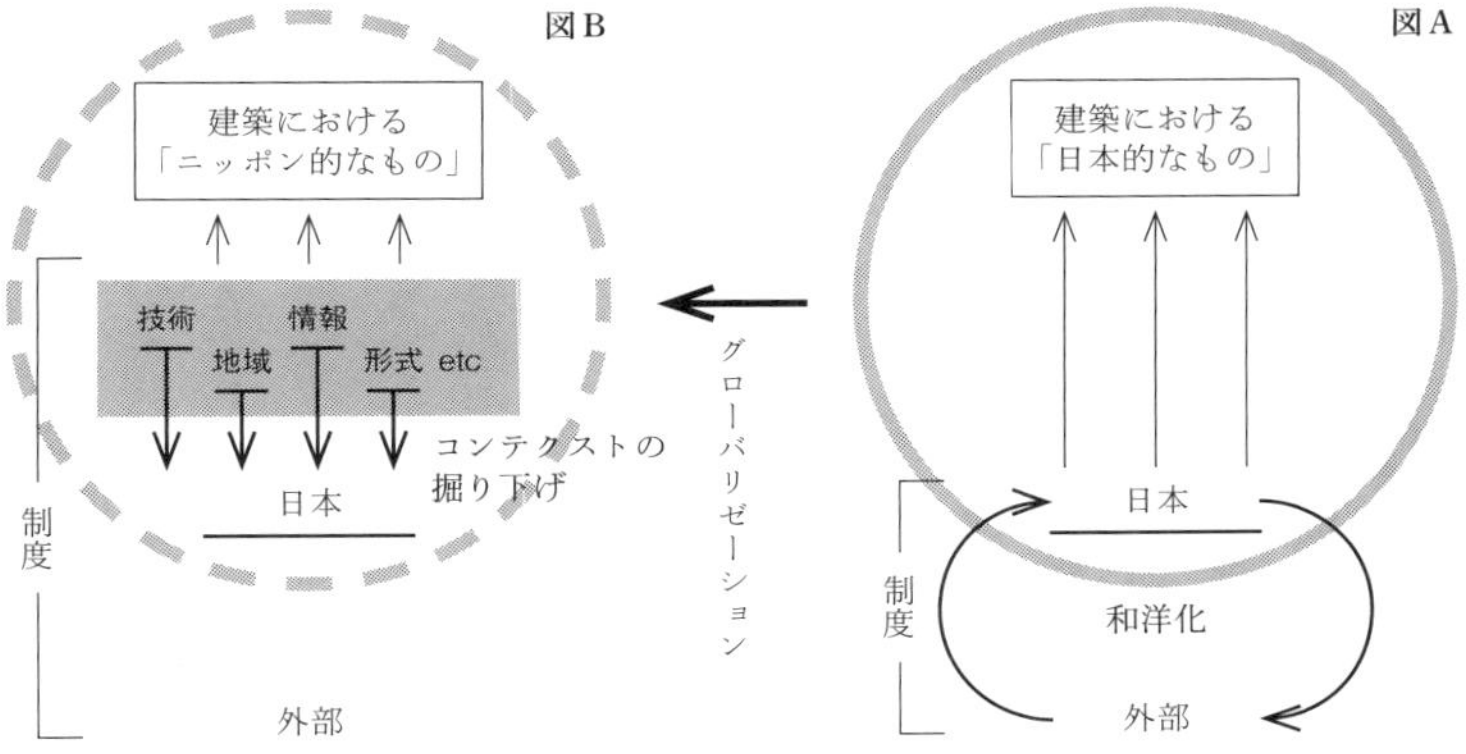

ンテクストに依存しない汎用性の高さが価値をもつことになった。しかし、市場を成り立たせるためには差異が重要になるので、細分化されたコンセプトのみが商品の売りになるのである。このようにして国家と結びついた「日本的なもの」はグローバリゼーションの舞台から退場し、磯崎の言う「新世界システム」のなかで「ニッポン的なもの」が要請されるのである。

建築における「ニッポン的なもの」という枠組みについて

ここで、ダイアグラムを見てほしい。図Aは日本という国家が内外で切り離されていることで制度としての強度をもっており、和様化のサイクルが起こるグローバル化以前の日本である。ここでは下部構造としての国家が制度として機能しながら上部構造としての建築の形式に強い影響を与えていることを示している。これを「日本的なもの」を生みだす制度の図とした。

一方、図Bは「金融資本主義によって起動」される「新世界システム」をベースとした「ニッポン的なもの」を生みだす制度の図である。図Aでは国家が建築における「日本的なもの」を生成する制度となっていたのに対して、図Bでは多様化・複雑化した建築物をつくりだす制度に着目し、その制度自体のコンテクストを掘り下げた結果、あらためて「日本」が発見されるものを「ニッポン的なもの」としてその構造を示した。これらの根本的なあり方の違いは、建築における「日本的なもの」と「ニッポン的なもの」を生みだそうとするモチベーションの違いにあらわれてくる。かたや和様化のプロセスのなかで（外国人にとって／日本人にとって）日本的なものとは何かという問いに答えようとして生みだされるのに対して、新世界システムでは「ニッポン」は探求される対象であることをやめ、より自由な解釈のもとでふるまうことができる。そこで建築における「ニッポン的なもの」とは、自由な解釈のもとでの「ニッポン」という地理的枠組みや個別文化の特性を利用し、よりよい建築、新しい建築をつくろうとする作者の意志によって生みだされるものである。そういう意味では建築における「ニッポン的なもの」は多様な様態がありうるといえる。ただし、建築の制度論のなかでの「ニッポン的なもの」には、新世界システムのなかで個別文化的試みとして他文化やグローバリズムとの相対化のなかでの言説的価値が求められるため、建築の制度から純粋に現代の日本にコンテクストを深くさかのぼっていけるものが本論では重要になってくる。そこでグローバリゼーション以降、建築における「日本的なもの」の代替としての「ニッポン的なもの」の例を以下にあげてみたい。

九〇年代、グローバリゼーションが引き起こした人口増大・流動化による世界的都市化の流れとともに、建築の主戦場が国家から都市へと移行していった。これを背景に、日本では「東京的なもの」を模索する建築が登場することとなる。こうした「東京」に関する言説を引っ張ったのがアトリエ・ワンである。彼らは「東京」のアノニマスな建築の特性に着目して、個人住宅を中心とした建築作品や『メイド・イン・トーキョー』『ペットアーキテクチャ・ガイドブック』といった都市リサーチに関する書籍を発表し、海外でも評価が高い。「東京」というキーワードによって、国家から都市への建築制度のシフトチェンジを表現したその建築群はまさに「ニッポン的なもの」といえよう。

次に安藤忠雄は、初期のころから打ち放しコンクリートという素材の表現を一貫して使いつづけることで建築家としてのスタイルを確立してきた。このスタイルは、海外から見たときに日本独特の「禅」にみられるような禁欲的な価値観と結びつき、日本を直接表象するような設計はおこなっていないにもかかわらず、国内外から日本的建築として受けとめられるようになった。国家的表象を注意深く避けながら、グローバルな世界で日本を表現した安藤の建築も、建築における「ニッポン的なもの」を表現したといえよう。

近年の例だと、国外の人間が日本のコンセプチャルな都市住宅を「ジャパニーズハウス」と総称するようになったことが興味深い。背景には建築ジャーナリズムが紙媒体の雑誌からDEZEENやdesign boomといったウェブページに変わってきたことによるタグづけの存在があるだろう。毎日多くの建築作品やプロジェクトが発表されるなか、日本の建築家たちの個人住宅作品群が「ジャパニーズハウス」と括られるのは、これらが「ニッポン的なもの」を建築に内包させているからにほかならない。

国家という強い制度を失った現在において建築の表象を決める制度は、たとえば地域(都市・地方)、歴史、技術、言語、慣習、価値観、建築形式自体など、またそれらの複合体といったように非常に多様で複雑なものとなった。そうした状況においても、右にあげられた建築群は多様な制度の上部で建築のコンテクストを完結させず、より深いコンテクストとして「ニッポン」を建築に内包させた好例に思える。

建築にとっての「国家」のゆくえ

これまでみてきたように、「日本的なもの」が国家という制度と深く関わりながら「和様化」のサイクルを生んできたわけであるが、グローバリゼーションの進行によって必然的に国家という制度が弱体化し、建築は国家を表象することを避けながら、多様かつ複雑な制度をみずからつくりだすことで新しい建築をつくりだしてきた。

しかし、ここで注意したいのは建築を構成する制度の下部構造には依然として「国家」があるということである。「国家」は一見「グローバリゼーション」の浸透のなかに沈んでいったようにみえるが、じつは建築を成り立たせる都市、言語、慣習、技術、歴史など多様な制度の地理的な枠組みとして存在している。こういった状況を見据えて、一度ゲームから退場したようにみえた「国家」を以前とは違う形の建築における制度として再登板させようという試みが近年みられる。

その試みの例として、このような構造に気づき、問題意識を掲げているのが磯崎とも古くから親交のあるレム・コールハースであろう。コールハースは建築だけでなく組織のオーガナイズやキュレーション、出版など複合的な活動を通して現代的建築制度を批評してきた現代建築家のメンター的存在である。磯崎にもっとも近いスタイルの現代建築家ともいえるだろう。その彼が二〇一四年のヴェネツィア建築ビエンナーレのディレクターとして「Fundamentals」というテーマを掲げた。その趣旨を要約すると以下のようなものになる。

「本ビエンナーレは現代性に祝福を捧げてきたこれまでのビエンナーレとは違い、歴史に焦点をあてたものとする。代表的な国々が「Absorbing Modernity 心を奪う近代性 1914-2014」というひとつのテーマに従事し、各自のやり方で百年の近代化の流れのなかで建築における個性ある国家性が抹消されてきた過程を示してほしい。一九一四年においては、「中国の」建築、「スイスの」建築、「インドの」建築というものについて語られることは意味をもっていたが、そうした国家的アイデンティティは近代性のためにいまや交換可能で、グローバルなものとなってしまった。しかし、じつは普遍的な建築言語のように考えられているものへの推移の裏には、いまだ残りつづける「国家的なもの」が隠されている。本ビエンナーレはこれらの物語を復活させる。そしてこの百年間の歴史を累積的に語ることによって、各国パヴィリオンの展示は建築のひとつの近代的審美性への進化のグローバルな概観を生みだしたい(4)」

つまり、各国の展示が新しい建築について競いあうような従来の枠組みではなく、各国がその独自の建築の近代化の過程を見つめなおし、そのなかから発見される「国家的なもの」を展示しあいながら、その相対化をとおして近代化の全体性と個別性を再発見しようというものである。近代化によって地域的固有性が失われたと思われた建築のなかから固有性を復活させようという試みでもあるだろう。ここでテーマとしてあげられた「Fundamentals」とは「根本原理」「基本」という意味であるが、経済用語として、経済のマクロ面あるいは個別企業の財務状況などのミクロ面についての指標として用いられることが多い。これを建築に置きかえるならば、「新世界システム」によって生みだされた建築と「ニッポン的なもの」「チュウゴク的なもの」「スイス的なもの」「インド的なもの」等々を結びつける概念といえ、本論の中心的関心と非常に近いものである。

また日本では、伊東豊雄が『磯崎新建築論集』第二巻の月報で、[5] 磯崎がつくりあげた「批評性に満ちた建築」が日本の建築家にとって制度として機能してきたことを指摘している。

この月報のなかで伊東は、一九七〇年に磯崎が著した『建築の解体』の影響を同世代の建築家たちが少なからず受け、彼らが「批評性に満ちた建築」によって世界の注目を浴びることになった。しかし、これは、アヴァンギャルドな建築が絵空事でなく実現してしまう日本の建築の特殊事情があってこそ成り立つのであり、ヨーロッパのように建築に対する文化的熟度が育っていない状況によるものだ、と伊東は語っている。そして伊東は3・11の震災の体験を経て、磯崎がつくりあげていったと言っても過言ではない日本特有の「批評性に満ちた建築」からの脱皮を語るのである。

この伊東の発言の背後には、日本の現代建築が「グローバリズムのツナミ」のなかで個別文化や固有の場所と文脈的に接続しにくい状況が「3・11」によって顕在化されたという背景があるように思われる。磯崎は「国家」という制度が批評対象になりえていたことによって真に深い場所まで建築のコンテクストを下ろして「批評性に満ちた建築」をつくりあげた。一方、いままで語ってきたようにコンテクストが制度の下部構造と接続しにくい伊東以後の建築家は新世界システムのなかで建築の新たな接続を模索する必要があり、そのため磯崎という制度をリセットする提案をしたと解釈できるであろう。

ここまでみてきたとおり、磯崎、コールハース、伊東らに共通する姿勢として、現代建築がグローバリゼーション・金融資本主義という大きな制度に絡めとられており、現代建築が制度と切り離されたところで新しいコンセプトを生成しているようにみえて、実際のところ旧来の制度に依存していることを建築家が見落としているのではないかと警鐘を鳴らしている点にある。グローバリゼーションがもたらした問題を非難したところで、現在進行形で「新世界システム」は起動している。たしかに、「新世界システム」は、建築の差異化すらもメタレベルで均質化していくことを問題視される場合が多いが、均質化の進行が逆に均質でないものとしての地域的、個別文化的建築の試みを浮きあがらせているという視点でも語りうることを忘れてはいけない。建築は特定の場所に立ちあがるという原則がある以上、その土地の国家や地域の技術、慣習、価値観、歴史などと完全に切り離すことはできない。とするならば、コールハースや伊東のように、今後「新世界システム」との新たな関わり方を模索するうえで、建築を支えるひとつの地域的枠組みとしての「国家」という下部構造に意識的であることが重要であろう。

注

(1) 磯崎新「〈やつし〉と〈もどき〉」(『新潮』二〇一〇年十月号)で磯崎が言っているように、和様化＝やつし

（退行）という方法としての意味では、「和様化」は現在も有用であるとしている。
（2）フレドリック・ジェイムソン「茶匠たちが作り上げたもの」、「新潮」二〇一〇年九月号。
（3）磯崎新「〈やつし〉と〈もどき〉」、「新潮」二〇一〇年十月号。
（4）Rem Koolhaas.http://www.dezeen.com/2013/01/25/rem-koolhaas-reveals-title-for-venice-architecture-biennale-2014/ 訳は筆者による。
（5）伊東豊雄「磯崎新にとっての1969」、『磯崎新建築論集』第二巻月報。

「日本的なもの」のデ・コンストラクション

難波和彦

グローバリゼーションが急速に進行する今日、ぼくたちにとって「日本的なもの」にどのような意味があるだろうか。本書を書いた磯崎新、二十代のＬＡＴｓメンバー、その中間の世代であるぼくにとって、おそらくその回答はすべて異なるだろう。本書をとりあげた目的のひとつは、その違いを確かめるためだが、それ以上に、この問題が今日の建築デザインにどのように結びついているかに興味をもったからである。

「日本的なるもの」は、戦前から戦後にかけてさまざまな形で問われてきた。戦前においては明治維新以降の急速な近代化＝西欧化のなかで、西欧を乗りこえ、日本あるいは東洋のアイデンティティを確立するイデオロギーとして提唱された「近代の超克」はその大きな潮流だろう。あるいは終戦後（一九四五年）の半植民地的状態から日本の独立を承認することになるサンフランシスコ講和条約（一九五一年）を契機に議論された「伝統論争」もそうである。さらには高度経済成長が最盛期を迎える一九七〇年代から一九八〇年代にかけて唱えられた「ジャパン・アズ・ナンバーワン」もそうかもしれない。

森美術館で開催された「メタボリズムの未来都市展――戦後日本・今蘇る復興の夢とビジョン」は明らかに同じようなコンテクストでとらえることができる。メタボリズムの活動を詳細に論じた八束はじめ『メタボリズム・ネクサス』（オーム社、二〇一一年）では、そのあたりの歴史的経緯が詳細に紹介されている。本書も明らかにその延長上にあるが、「日本的なるもの」に関する磯崎の評価は、どちらかといえば否定的である。

「日本的なるもの」の二様相

本書はさまざまな場所に発表された論文をまとめたもので、もとの論文はすべて一九九〇年代に発表されている。ぼくは発表当初にすべて読んだが、磯崎の該博な知識に舌を巻くと同時に、磯崎はなぜここまで「日本的なもの」にこだわるのかという素朴な疑問にとらわれた。そしてその疑問は「GA JAPAN」十三号（一九九五年三―四月号）に掲載された二川幸夫との対談「和様化は終わる」と論文「始源のもどき」を読んだとき、ひとつの決定的な回答がひらめいた。ぼくが得た結論は、磯崎こそもっとも「日本的なもの」を体現した建築家であり、それを克服するために磯崎は「日本的なもの」を徹底的に相対化しようとしているというものだった。精神分析的にいえば、無意識のうちに抑圧されている病を意識化することがその病からの治癒なのである。少し古いが、そのときにまとめたぼくの考えを以下に紹介しよう。

「今回の対談は前回の世界編以上におもしろかった。とくに伊勢神宮に関する磯崎の新しい解釈はエキサイティングである。ただし和様化〔日本的なもの〕については、ぼくは磯崎とは少し違う意見を持っている。結論を言えば、現代の和様化の最先端を担う建築家こそ磯崎ではないかと考えている。なぜそうなのか、ぼくなりの考えを述べてみたい。

つい先日、丹下健三の広島ピースセンターを再訪し、当初の計画どおりに完成した全体像を見る機会があった。資料館の立面のプロポーションのすばらしさにはあらためて感嘆したが、それ以上に考えさせられたのはピロティの下に広がるモニュメンタルな広場の意味である。言うまでもなく、この広場は平和への願いと戦後民主主義を象徴する空間として設計された。しかし誤解を恐れずに言うと、そこは軍隊が整列したとしてもけっしておかしくはない空間なのである。むしろその方がこの広場のモニュメンタリティにふさわしいようにさえ思える。つまりこの広場は正反対の思想を持った集会でも成立可能な空間であり、モニュメンタルであることだけがそのアイデンティティなのである。磯崎も指摘するように、これは一九四五年を境にしてイデオロギーは百八十度反転したにもかかわらず、丹下の建築的なボキャブラリーが戦前戦後を通じて変わっていないこととも関係している。しかし思想と表現との関係はそれほど単純ではない。建築家の思想が建築に表現されるというのは一面では正しい。少なくとも建築家の意図においては、両者は結びついているにちがいない。しかし意図がそのまま実現されるという保証はない。さらに表現はさまざまな解釈に開かれており、表現から逆に当初の思想を再構成することは困難である。ましてやその表現によって思想をコントロールすることなど不可能であろう。だからこそピースセンターはまったく反転した意味を持ち得るのだとも言える。先頃物故したマンフレッド・タフーリは長年この問題に取り組んだが、『建築のテオリア』（八束はじめ訳、朝日出版社、一九八五年）においては、イデオロギーと建築表現には直接的な関係はないという結論に達している。

とはいえ戦争を体験した近代建築家たちが、近代的なものと日本的なものの統合という戦前のテーマを、そのまま戦後にまで持ち越したことは歴史的な事実である。磯崎はそれを古来から反復されてきた和様化の一環としてとらえ、その原型的なモデルが伊勢神宮の式年遷宮にあるという仮説を提出している。さらにこの仮説にもとづいて日本の近代建築史も説明できると主張している。説得力のある見事な仮説であり、目から鱗が落ちる思いをさせられた。ぼくはこの仮説に基本的に同意する。ただしひとつだけ条件をつけておきたい。それはこの仮説は日本古来の和様化の構造を解明したものというより、むしろ明治維新以降の日本の近代化の歩みの中に宿命的に内在している和と洋の二重構造を、逆遠近法的に過去の歴史に投影したものだということである。厳密な検証は歴史家に任せたいが、おそらく江戸時代以前においては、式年遷宮はそれほど厳密には実行されておらず、明治以降になって現在の形に確立されたのではないだろうか(1)。和様化は明治以降の近代国家の確立のために擁立されたイデオロギーであり、和様化と近代化とは表裏一体を成している。現代の和様化を相対化するには、この視点が不可欠だと思う。和様化の起源を古代にまで遡ることは、それを不可避な歴史的法則とみなすことになり、批判の強度を鈍らせてしまうだろう。和様化は何度もくりかえし再構築されてきた歴史的なイデオロギーであり、磯崎の仮説も例外ではない。ただ磯崎の仮説は一点において過去のそれとは異なっている。それは和様化をナショナリズムのイデオロギーとして相対化している点である。もっとはっきり言えば天皇制にねらいをつけている点である。日本の近代建築史を再検討するには、この問題を避けて通ることはできない。

建築家にとって和様化は二重の意味を持っている。様式的な意味と思想的な意味である。磯崎の和様化の仮説では、このふたつの意味が重なり合っている。先に述べた丹下の広島ピースセンターに典型的に見られるように、両者の関係は錯綜している。一方では、戦前戦後で継続している和様化は戦争を通過しても本質的には変わっていない日本国家あるいは天皇制を象徴していると考えられる。しかし他方では、同一の様式が軍国主義的思想と民主主義という対立的な思想を表現している以上、様式と思想とは無関係だと言うことも可能である。このことはヨーロッパの古典様式が、民主主義国家と全体主義国家のいずれにおいても国家の様式として用いられた事情と似ているように見える。しかし両者の本質的な相違点を見落としてはならない。それは丹下というひとりの建築家において、同じ様式がまったく異なる思想の象徴的表現として用いられている点である。たしかにミースやル・コルビュジエにもそうした傾向がなかったとは言えないが、丹下のように国家的なレベルで成功した建築家はいない。そこでは様式はたんなる容器＝シニフィアンにすぎず、どのような思想的内容＝シニフィエでも盛り込むことができると考えられているのである。ぼくはこの点こそが和様化の本質ではないかと思う。

つまり和様化には次元の異なるふたつの形態があるのだ。ひとつは表現としての和様化である。これはナショナリズムや天皇制といった思想的内容をともなっている。磯崎の言う和様化とはこれを指している。もうひとつは思考形態あるいは生活態度としての和様化である。これは思想的内容とは無関係に、様式だけを洗練させる傾向を指している。一種の形式主義＝フォルマリスムだと言ってもよい。後者からただちに連想されるのは、アレクサンドル・コジェーヴが『ヘーゲル読解入門――精神現象学を読む』（上妻精、今野雅方訳、国文社、一九八七年）の注において紹介した「日本的なスノビズム」だろう。浅田彰の言（『Anyway――方法の問題』磯崎新、浅田彰監修、NTT出版、一九九五年）を借りるなら「いっさいの歴史的＝人間的内容を欠いた形式の洗練、空虚な記号のゲームとしての日本的スノビズム」である。

このふたつの和様化は、はっきりと区別しなければならない。両者はロジカルタイプ（論理階型）が異なっている。前者は具体的な表現を持っているが、後者は必ずしも日本的な表現様式を取るとは限らない。しかしよく考えてみると、日本的表現なるものも怪しい存在である。現在、日本的表現と言われているものは、もともとは中国や朝鮮から持ち込まれたものである。伊勢や出雲も南方の高床式住居を原型にしている。たしかにそれらは日本独自の表現に変容している。しかしオリジナルからまったくかけ離れた表現になっているわけではない。日本的表現の起源は限りなくゼロに近い。そしてこの問題は日本のアイデンティティが問われるたびに浮上してくる。その都度、表現としての和様化は歴史的イデオロギーとして再構築されなければならない。ぼくが表現としての和様化の起源は明治維新にあると考えるのは、そのためである。磯崎は、表現としての和様化のサイクルは今世紀いっぱいで終わると予言している。しかしことはそれほど簡単には進まないだろう。

ぼくの考えでは、今日までの日本を支えてきたのは、わかり易い前者ではなく、むしろ後者の形式主義としての和様化である。つまり表現なり技術を外部から導入し、その意味内容は問わずに、徹底して洗練させる「態度」である。江戸時代までは中国が、明治以後はヨーロッパが、戦後はアメリカが模範となった。明治期に巨大な不連続点があり、それが次元の異なるふたつの和様化をうみ出した。日本の近代化はこのふたつの和様化を絶妙に使い分けることによって進んできた。ソニーやトヨタは後者の和様化の産物だと言ってよい。技術やデザインはヨーロッパやアメリカから導入されたものだが、それはオリジナル以上に洗練され世界中に輸出されている。

磯崎は、まさに建築界のソニーでありトヨタである。磯崎は決して自分自身のスタイルを持とうとはせず、ブルータリズム、ポストモダン歴史主義、ハイテック、デコン・スタイルといったさまざまなスタイルをオリジナル以上に巧妙に洗練させ建築化してきた。磯崎こそ「表現としての」和様化なしに世界的になった初めての建築家であり、日本の近代化の本質を体現した建築家ではないかと思う」（『GA JAPAN』十五号、一九九五年七—八月号）

二十世紀末の「日本的なるもの」

本書の第一章「建築における日本的なもの」は一九九九年から二〇〇〇年にかけて発表された論文で、本書全体の総論であると同時に、世紀末の時代状況を色濃く反映している。磯崎は十九世紀半ばに始まる日本の近代建築は、最初から今日にいたるまで外圧（西欧）によって捏造された「日本的なもの」を刻印されていると主張する。その視点から磯崎は二十世紀末までの日本の近代建築史における「日本的なもの」の変遷をたどり、その流れのなかに一九六〇年代以降の自分の仕事を位置づけている。

一九五〇年代の「伝統論争」において「日本的なもの」は、ニーチェの『悲劇の誕生』の「アポロ的とディオニソス的」をもじった「弥生と縄文」というふたつの流れに分裂するが、それは戦後日本のアメリカ支配＝エキゾチック日本＝貴族的日本＝弥生に対する、民衆的日本＝縄文という対抗的言説であったという磯崎の鋭い読みには感心させられる。当時の建築家たちがそれを自覚していたかどうか確かめてみたいところである。

「日本的なもの」の根底には「西欧＝作為」に対する「日本＝自然」という図式が潜んでいるが、「廃墟」から出発した磯崎の仕事は、廃墟が構築（作為）の瓦解（自然）であるという意味において「日本的なもの」を免れていなかったのではないかという述懐には少々びっくりした。これも先に紹介したぼくの仮説の傍証といってよいだろう。

電脳革命がもたらしたグローバリゼーションによって民族国家が解体したために、「日本的なもの」という問題機制自体が一九九〇年以降は成り立たなくなっていると磯崎はいう。しかし一方で磯崎は、五十年前の一九四〇年代の坂口安吾の「即物主義」と小林秀雄の「始源主義」を引きながら、それが五十年後の今日に反復され新たなかたちの「日本的なもの」をつくりだすかもしれないと、以下のように結論づけている。

「坂口安吾が即物的なリアルな生活にむかって退行していくことによって、通念となった「日本的」な美までも捨て去っていいという信念を表明したこと、小林秀雄が、そもそも虚構に過ぎない歴史が操作した解釈を拒絶して、始源を再語りするという、擬態《もどき》にみずからを投入する選択を表明したこと、つまり退行と擬態という、これまたいちじるしく「日本的な」こと＝態度決定をとったあげくに、圧倒的な波に溺れることからのがれていたことに私は注目する。つまり、これはスーパーフラット化する趨勢のなかにあって、表層から分離し沈殿した残滓が別種の問題機制をひきおこす可能性をみることである。あらためて、これが「日本的なもの」をつくりだすかも知れないが、別の名称がついていることもありうるだろう」

ここにはみずからの内なる「日本的なもの」を抉りだした返す刀で、磯崎の下の世代による透明で軽い建築を切り捨てようとする戦略が見え隠れしている。

「日本的なもの」の解体＋構築＝デ・コンストラクション

第四章「イセ――始源のもどき」で磯崎は、イセの本質は「隠すこと」にあり、それは「始源のもどき＝擬態」の構築によってもたらされたと主張する。つまり伊勢神宮は、見た目は「日本的なるもの」のようであっても、それは「自然《じねん》」に生まれたのではなく「テンム＋ジトウ」天皇による「作為」によって構築されたというわけである。磯崎は伊勢、桂、天武、持統といった漢字表記をすべてイセ、カツラ、テンム、ジトウというカタカナ表記に変えている。本来、カタカナは外来語を日本語にそのまま写しとるために使用される文字である。柄谷行人が『文字の地政学――日本精神分析』（『定本柄谷行人集4』岩波書店、二〇〇四年、所収）で指摘しているように、カタカナで表記することによって、暗黙のうちにそれが外来語であるというメッセージを伝えることができる。磯崎はそのような慣習をあえて逆用し、漢字表記に込められた「日本的な」含意＝ニュアンスを異化しようとしているのだといってよい。第二章「カツラ――その両義的空間」においても、磯崎は桂離宮に潜むモダンなデザインとポストモダンなデザインの併存を明らかにすることによって、単純に「日本的なもの」には還元できないカツラの両義性を明らかにしている。

本書を読んでいると、イセとカツラは「表現＝モノ」においてはもっとも「日本的なもの」だが、それを生みだした「態度＝コト」はきわめて「構築的＝反日本的」であると主張しているようにみえる。とりわけイセを「日本的なもの」としてつくりあげた「テンム＋ジトウ」天皇の意図に関する解釈はそうである。漢文、律令制、仏教寺院など新たに渡来し、少なくとも先進的とみられている文化にたいして、すでに日本にはヤマト風の言葉、カミを依りつかせる呪術、掘立柱の高殿や竪穴住居の土着の文化があった。テンム帝が晩年に意図したのは、この対立する新旧ふたつの文化体系を均衡させて併立させること、そのために少なくとも古い文化を新しいものに対抗できる水準にまで編成しなおすことではなかったか。

もっとも日本的な表現が構築の産物である、というのは矛盾以外の何ものでもない。重源がつくった浄土寺浄土堂や東大寺南大門に関しては、そのような矛盾はない。どちらも構築の産物であり、一方が現在まで「日本的なもの」として生き残り、他方は重源一代で消失した。あるいは遠州がおこなった「茶の編集と解体」も構築なのだろうか。とすれば構築の意味とはいったいなんなのか。ぼくがいちばん気になるのはこの点である。磯崎は近代建築につながる「日本的なもの」の伝統のなかに自分を位置づけようとしているだけではないかと勘ぐりたくなってしまう。

「あとがき」で磯崎は、伊勢神宮、東大寺南大門、桂離宮がすべて時代の転換期（七世紀末・壬申の乱、十二世紀末・源平合戦、十七世紀初・戦国）につくられている点を指摘しながら、こう結論づける。

「伊勢神宮は既に輸入されていた寺院の形式を排除して、「反」をつくりあげようとしている。中世の再建東大寺は宋よりの丸ごとの技術的移転をはかりながら、その原型を「超」えている。桂離宮は、書院造りという正統から逃れて「非」をうみだした。「反」「超」「非」と型が異なるとしても、このドラスティックな変成が共通に目指していたものは文化的外圧の中で、「日本的なもの」と呼びうるものの探索だったと要約できよう」

要するに「日本的なもの」は、既存の伝統に対する「反」「超」「非」、すなわち「解体・構築＝デ・コンストラクション」によってつくられたというわけである。この主張は磯崎の『建築の解体』につながるし、さらには「伝統は絶え間ない破壊の連続によって生みだされる」と言ったル・コルビュジエの主張にもストレートにつながる。これに対して「和様化」とは、そのようにして構築された「日本的なるもの」に潜んでいる変成期のエネルギーを押さえこみ、枯渇させ、削りとってしまう「洗練」と「純化」のことである。本書は「日本的なもの＝作為＝構築」と「和様化＝自然＝折衷」の類似性と差異を見分ける眼をもたねばならないと暗に主張しているように思える。この対比は、対象の属性である以上に、それを見るメタ批評的な眼の差異だからである。

磯崎は最後に、本書をまとめた意図について次のように述べている。

「世紀の変わり目にあって、日本国内では構築する力をもった建築がつくられにくくなった。その原因は、日本が不況を理由に収縮し閉港してしまったためだと思われる。危機感を呼び起こすほどの文化的外圧もないことが事態をもっと身動きできなくさせている。だが、今日の世界の構図が、海に消えた国境線をあらためて無意味にし、閉港を不能にし、あげくに日本を東北アジアの孤島ではなく、世界そのものを無数の群島と化しているのだとみたらどうなるか。少なくとも和様化を促進させるようなメカニズムが消されていくはずである。すると「日本的なもの」を問題構制することさえ不可能になる。そんな事態がもうすぐ起こるに違いないと私は考えている。そのためにも、私たちを島国に閉じ込め、長い世紀をかけて「日本」、「日本的」、「日本的なもの」といった架空の概念にしばりつけてきた原因のありかをつきとめてみることが必要だった」

「日本的なもの」は磯崎のいうように「表現＝モノ」としては、もはや消え去る運命にあるだろう。その点についてはぼくも同意する。しかし「日本的なもの」は「態度＝コト」としては根強く生き残るのではないかと思う。ぼくがそう確信するのは、磯崎自身のなかに右に述べたような矛盾が埋めこまれているからである。「日本的なもの」には、大文字の「建築」や「芸術」と同じように、それに対抗すればするほど、対抗エネルギーを取り込みながら生き延びるようなシステムが埋め込まれているのではないか。この矛盾を解決するには「日本的なもの」を「表現＝モノ」から切り離し「態度＝コト」としてとらえるしかないような気がする。

注

（1）これはぼくの間違いだった。江戸時代には式年遷宮は規則的におこなわれていた。だからといって以下のぼくの論の骨格は変わらない。

ヴァルター・ベンヤミン
『パサージュ論』を読む

「鉄骨」と「室内」の弁証法

岩元真明

「鉄骨」と「室内」

パサージュ論を建築論として読むと、「鉄骨」と「室内」の弁証法が浮かびあがる。建築を学んだ者にとって前者、すなわち「鉄骨」の要素を読みとることは比較的容易である。パサージュ論の大きな部分を占める鉄骨建築の描写と考察はオーソドックスな近代建築史の流れと重なりあっているからだ。たとえば鉄骨建築のビルディングタイプや透明性に関する考察はジークフリート・ギーディオンのそれと一致しており、アールヌーヴォーと鉄骨建築を結びつける視点はニコラス・ペヴスナーの研究と一部重なる。ベンヤミン、ギーディオン、ペヴスナーはほぼ同時代人であった。

一方、「室内」は正統な近代建築の歴史から抜け落ちたもうひとつの近代を照らしだす。ベンヤミンの「室内」は十九世紀に生まれた資本家（ブルジョワジー）の美学と関連する概念であり、ボードレールの詩作やシュルレアリスムの作品と結びついている。この「室内」は近代建築の超克をめざしたポストモダン以降の建築家、たとえばレム・コールハースの問題系とも重なっている。日本では『生きられた家』を著した多木浩二がその代表者といえるだろう。

本稿では「鉄骨」と「室内」の弁証法を通してモダニズムとシュルレアリスムという近代の建築（≠「近代建築」）に関わるふたつの大きな潮流を確認し、近現代建築におけるそのあらわれを考察する。

テーゼとしての「鉄骨」

パサージュ論や、その一部をまとめた「パリ——十九世紀の首都」などの著作では鉄骨建築がきわめて重要な意味を帯びている。パサージュ論では「鉄骨建築」だけでひとつの断章が割かれているほどである。ベンヤミンは、鉄骨建築をたんなる技術革新ではなく近代性そのものとしてとらえた。彼はギーディオンの『フランスにおける建築』に書かれた「構成は下意識の役割を占める」という言葉を引用し、「建築においては鉄とともに、構成の原理が支配的になってくる[1]」と述べている。ベンヤミンはギーディオンによる近代建築の正統的解釈をふまえて、鉄骨を用いた新しい構造形式が伝統建築において支配的な様式的原理からの解放であることを理解していたのである。

また、ベンヤミンはパサージュや万博パヴィリオン、駅舎や温室などの十九世紀に生まれた新しいビルディングタイプが鉄骨建築でつくられていると指摘しているが、これは『空間・時間・建築』におけるギーディオンの視点とほぼ重なっている。両者は鉄骨建築におけるガラスの多用にも等しく関心を寄せており、鉄とガラスがつくりだす透明性や内外の相互浸透などの概念を共有している。これらは後にユリウス・ポーゼナーが「非物質化」と名づけた傾向、つまり建築が軽量性、一時性、透明性へと向かう潮流の出発点である。(2)

このようにベンヤミンの鉄骨建築観は正統な近代建築史と前提を共有している。しかし、その解釈は彼独自の複製技術論へと接近していく。ベンヤミンは鉄骨建築に関して次のように述べている。「鉄は〔…〕パサージュや博覧会場や駅といった、一過的な目的のための建築物に使用される」(3)「「極小性」という尺度がこれほどに意味をもったことはかつてなかった。〔…〕結局それらは、モンタージュ原理のもっとも早い時期の現象形態なのである」(4)

ここで注目された鉄の一時性や大量生産性やモンタージュ性は、「複製技術時代の芸術作品」においてベンヤミンが注目した写真や映画などの複製技術の性質と一致している。さらに、唯一無二の芸術作品のアウラが複製技術の登場によって凋落したように、伝統的な様式建築が備えていたアウラ、すなわち一回性や永続性が、鉄骨建築の登場とともに消失へ向かうとベンヤミンは考えている。ベンヤミンは「鉄骨構造において建築が芸術の支配を脱しはじめる」(5)と考えたのである。

アンチテーゼとしての「室内」

ベンヤミンとギーディオンには一点において大きな隔たりがある。ギーディオンはパサージュや博覧会場などの鉄骨建築の内部で繰り広げられた小市民的趣味を切り捨てたが、ベンヤミンはそれをフェティッシュといえるほど詳細に研究している。技術がつくりだす「まがいもの」をギーディオンは近代への反動としてとらえたが、ベンヤミンは産業資本主義を背景に生まれた近代性の一側面としてみた。換言すれば、鉄骨建築に対するギーディオンの分析は骨組の力学的構造の展開とその視覚的表現にほぼ終始したが、ベンヤミンはシェルターのみならずその内側にもまなざしを向けていたのである。彼はそれを「室内」という概念によってとらえようとした。

パサージュ論の断章「室内、痕跡」では十九世紀生まれのブルジョワジーの美学がさまざまな側面から考察されている。それはたとえば「装飾用厚紙を貼りつけただけの珍妙なゴシック様式」や「オリエント風」、あるいは「古代まがい」の代物である。ベンヤミンはこれらの趣味をまとめて「さまざまな様式の仮装行列が十九世紀全体を貫いている[6]」と述べている。住む者の痕跡で満たされ、装飾があふれ、あらゆるものにカバーがつけられる個人主義的な小宇宙。ベンヤミンはこれを室内の幻像と呼び、複製技術によって消え去ろうとする「芸術」の最後のよりどころであると考えた。

このような「室内」は「鉄骨」がもたらしたアウラの凋落に対する反作用といえる。ベンヤミンは「ガラスと鉄の装備に対抗して、壁布張りの技術はその布地でもって身を守る[7]」と述べている。十九世紀末の写真家たちが修正技法を用いて写真に絵画的効果を与えアウラを捏造したのと同じように[8]、十九世紀初頭の鉄骨建築はさまざまな古代趣味や様式、壁紙、布地でその身を包んだのである。ベンヤミンが「建築の仮面」「空間の仮装」と呼んだこの現象は、「鉄骨」によって追放された建築のアウラが「室内」においてふたたび捏造されたことを意味している。装飾的に鉄を使用することを通じて鉄骨建築を芸術のために奪還しようと試みたアールヌーヴォーは、このようなアウラの捏造が最高度の表現に達したものであり、「室内」の完成をもたらしたとベンヤミンは考えている。「鉄」という近代技術を利用しながらも近代以前からの芸術概念を守ろうとするアールヌーヴォーは、ベンヤミンにとって「目覚めているのだという夢を見ること」[9]だった。夢とはすなわち「室内」、目覚めとは「鉄骨」が予告する未来である。ここにはベンヤミン独特の弁証法のエッセンスがあらわれている。

「鉄骨」と「室内」の対比は十九世紀における理工科学校（ポリテクニーク）と美術学校（ボザール）の対立や建設家と装飾家の対立にも通底している。さらに、近代における技術と芸術の拮抗を象徴すると同時に、ふたつの政治形態、すなわち社会主義と資本主義の対立にも関係している。ベンヤミンにとって鉄とガラスの建築はフーリエやサン・シモン主義が夢想した透明な社会主義的ユートピアに接近するものであり、「室内」はボードレールが描き出した産業資本主義下の幻惑的な都市の美学と関係するものであった。

「ガラスの家」の可能性

『パサージュ論』には以下のような一節がある――「ブルトンとル・コルビュジエを包みこむこと――ということは、現在のフランスの精神を弓を張るような緊張で満たすことである。この張られた弓から認識の矢で瞬間の心臓が射止められるのだ」[10]

「鉄骨」と「室内」を統合する可能性としてベンヤミンはふたつの運動に注目した。一方はル・コルビュジエが代表するモダニズムであり、他方はブルトンが代表するシュルレアリスムである。ル・コルビュジエとブルトンが反目していたことは有名であるが、ベンヤミンは彼らのあいだに興味深い共通点を発見している。それは「ガラスの家」である。

モダニズムの「ガラスの家」は「鉄骨」の延長線上にあり、透明性と相互浸透がその本質にある。ベンヤミンは言う。「ル・コルビュジエの作品は「家」という神話的造形の終点に立っているように見える(11)」

神話的造形の終点とは、「室内」の徹底的な破壊だと考えられる。ル・コルビュジエ、ミース、グロピウスらモダニズムの巨匠たちが一堂に会した一九二七年のドイツ工作連盟住居展はこの意味で示唆的である。そのポスターでは、装飾的な仕上と調度で飾られた十九世紀的な室内に赤く大きなバツ印で否定されており、室内の痕跡を消去する意志がはっきりと示されている。ミースのファンズワース邸はその究極といえるだろう。

一方、シュルレアリスムの「ガラスの家」は「室内」の延長線上にある。ベンヤミンはブルトンの『ナジャ』について次のように述べている。「ガラス張りの家に住むのは、この上ない革命的な美徳である。これもひとつの陶酔であり、一種の道徳上の露出主義であって、これが私たちには必要なのである(12)」

シュルレアリスムの「ガラスの家」の根幹は露出主義、すなわち人間の痕跡を剥き出しにすることなのである。これは「複製技術時代の芸術作品」において考察されたダダイズムの創作に似ている。ダダイズムの絵画では、ボタンや切符などのごみ屑をモンタージュすることによって作品に複製の烙印を押し、アウラを消滅させている。まったく同様に、シュルレアリスムの「ガラスの家」は痕跡を剥き出しにすることによってアウラを破壊する。換言すれば、それは痕跡を消去することなく、アウラを捏造することなく作品性を生みだす試みである。「室内」が正統な近代建築史から抜け落ちていたように、シュルレアリスムもまた近代建築の歴史では顧みられることのない存在である。

以上のように、ベンヤミンは「鉄骨」と「室内」の弁証法の果てに対極的なふたつの可能性をみた。すなわち、テーゼである「鉄骨」の先にあるモダニズムと、アンチテーゼである「室内」の延長線上にあるシュルレアリスムである。しかし、ベンヤミンはこのいずれにも与することなく、その両者を包摂することによって真の目覚め、つまりジンテーゼが訪れると考えた。十九世紀のパリのパサージュは、まさにそのような弁証法的形象（イメージ）であるからこそベンヤミンの世界観の中心となりえたのだろう。

「鉄骨」と「室内」の弁証法についてベンヤミンのテクストから読みとることができるのはここまでである。以下では結論にかえて「鉄骨」と「室内」の弁証法が近現代建築においてどのような表現に達しているのかを駆け足ながら検討してみたい。

近現代建築における展開

すでに述べたように、モダニズムは「室内」を捨象し「鉄骨」の延長線上を追求する建築運動である。それはベンヤミンの弁証法の統合ではなく、テーゼの純粋化にすぎない。モダニズムの意図に反して、二十世紀以降も建築から「室内、痕跡」が消えることはなかった。モダニズムの社会主義的な側面はフーリエやサン・シモン主義者のユートピア同様にあまりに楽観的だったといえる。

現実には資本主義社会は無数の中産階級を生みだし、無数の商品を生みだし、室内はさらなる痕跡にあふれることになったのである。ヴェンチューリらが一九七二年に出版した『ラスベガスから学ぶこと』は、このような中産階級の室内と痕跡に注目した建築界の最初期の試みといえるだろう。

ほぼ同時期に、レイナー・バンハムはギーディオンら第一世代の近代建築史家たちが建築の構造的側面を偏重することを批判し、空調や照明などの室内を支える環境制御技術に注目して『環境としての建築』(一九六六年)を著している。建築を「調整された環境」としてみる視点は、パサージュや温室における人工的な室内環境に注目したベンヤミンの視点と通底している。

建築家レム・コールハースは一九七八年の『錯乱のニューヨーク』において、ベンヤミンが十九世紀のパリに見いだした「室内」の幻影が二十世紀のマンハッタンにおいて深まりを見せていることを発見している。巨大な室内、内部と外部の乖離、世界の捏造、自然模倣。コールハースがマンハッタニズムと呼ぶ現象は、ベンヤミンが「夢の家」と呼ぶ「室内」の現象と奇妙なほどに一致している。それらを支える技術のことをベンヤミンはファンタスマゴリーと呼び、コールハースは空想世界のテクノロジーと呼んでいる。『錯乱のニューヨーク』ではダリとル・コルビュジエが、すなわち文字どおりシュルレアリスムとモダニズムが対置されていることも興味深い。コールハースは文字どおり「ブルトンとル・コルビュジエを包み込むこと」をめざしたといえるだろう。二〇〇〇年ごろには、コールハースは「ジャンクスペース」というエッセイにおいて空港やショッピングモールなどの資本主義が生んだ空間をジャンクスペースと呼び、そこでの過剰な室内の痕跡にスポットライトをあてた。彼の実作、たとえばボルドーの家(一九九八年)やシアトル公立図書館(二〇〇四年）はモダニズムとジャンクスペースの、すなわち「鉄骨」と「室内」の弁証法的帰結を示している。

『錯乱のニューヨーク』発表と同年の一九七八年、フランク・O・ゲーリーは商品化の産物である既製品を意図的に組み合わせて自邸の設計をおこなった。ゲーリーは金属波板、金網、合板などの安価で平凡な既製建材をあえてモンタージュすることを通じて、それらがもっていた模造品的な性質を明るみに出している。それはベンヤミンが指摘したダダイズムの手法にも似ている。さらに、ラカトン・ヴァッサルはパレ・ド・トーキョーのリノベーション（二〇〇二年）において古い仕上げを剝ぎとり、さまざまな痕跡をありのままに見せたが、この手法もシュルレアリスム的な「ガラスの家」の露出主義と関係している。

一方、SANAAの作品のようにモダニズム的な「ガラスの家」の透明性を追求しつづける現代建築も存在する。それは「目覚めているという夢」の究極である。彼らが植物に接近していることも興味深い。そこにアールヌーヴォーとの接点をみることができるかもしれない。

注

（1）ベンヤミン「パリ――十九世紀の首都」久保哲司訳、『ベンヤミン・コレクション1』ちくま学芸文庫、一九九五年、三二九ページ。

（2）ユリウス・ポーゼナー『近代建築への招待』田村都志夫訳、青土社、一九九二年。

（3）ベンヤミン「パリ――十九世紀の首都」、前掲書三二九ページ。

（4）ベンヤミン『パサージュ論』第1巻、今村仁司、三島憲一ほか訳、岩波現代文庫、二〇〇三年、三六七―三六八ページ（[F4a,2]）。

（5）ベンヤミン「パリ――十九世紀の首都」、前掲書三三三ページ。

（6）ベンヤミン『パサージュ論』第2巻、今村仁司、三島憲一ほか訳、岩波現代文庫、二〇〇三年、四六ページ（[I3,4]）。

（7）ベンヤミン『パサージュ論』第2巻、四六ページ（[I3,1]）。

（8）写真におけるアウラの捏造については以下を参照。ベンヤミン「写真小史」久保哲司訳、『ベンヤミン・コレクション1』、五六七ページ。

（9）ベンヤミン『パサージュ論』第3巻、今村仁司、三島憲一ほか訳、岩波現代文庫、二〇〇三年、一六ページ（[K2,6]）。

（10）ベンヤミン『パサージュ論』第3巻、一七七―一七八ページ（[N1a,5]）。

（11）ベンヤミン『パサージュ論』第3巻、五四ページ（[L1a,4]）。

（12）ベンヤミン「シュルレアリスム」久保哲司訳、『ベンヤミン・コレクション1』四九九ページ。

歴史の効用

難波和彦

ベンヤミンとの出会い

ヴァルター・ベンヤミンが建築との関係で論じられることは、それほど多くない。じつはきわめて深い関係があるにもかかわらず、論じられることが少ないのはなぜだろうか。おそらくベンヤミンがあまりにも広大な問題を論じているために、一筋縄では理解できないからではないかと思う。ぼくにとってもそうだったし、いまでも依然としてそうかもしれない。

ぼくがベンヤミンの存在を知ったのは、最初の著作集が出た一九七〇年代の初期である。そのころは歴史的な興味をもっていなかったので、読んでもまったく理解できなかった。本格的に読むようになったのは、それから十年以上経った一九八〇年代の半ばになってからである。一九八七年に、戦後生まれの建築家百人による「建築デザイン会議」が開催され、ぼくは議長として参加した。メディアと建築との関係がテーマの会議だったが、そのなかである建築家が、当時話題になっていたソニーのウォークマンをとりあげ「建築はウォークマンに勝てないのではないか」という主旨の問題提起をおこなった。都市空間のなかで迫力のある音楽を聴くと、都市の様相がまったく変わって見えるようになった。ウォークマンの出現によって、外を歩きながら良質の音楽を聴くことができるようになる。ウォークマンは空間体験の質を完全に変えてしまうのだ。その強度は現実の建築空間の体験がもたらす効果を超えているのではないか。そのような主旨の発表だった。要するに、人間にとって重要なのは、物理的に存在する空間そのものよりも「現象としての空間」すなわち体験された空間の質であるという主張である。これはコーリン・ロウが『マニエリスムと近代建築』[1]の「透明性 Transparency」に関する論文（「透明性――虚と実」）で提唱した、文字どおり（実）の空間と現象的（虚の）空間の対比にもとづく論理だといってよい。会議には、さまざまな分野の専門家が参加していたが、そのなかに、美術史家の伊藤俊治と文化人類学者の植島啓司がいた。ふたりはこの主張を新しい技術による時代の知覚の変容の問題であるとコメントした。そのうえで参加した建築家たちに同じような問題について考えた批評家としてベンヤミンを紹介し、彼の「複製技術時代の芸術作品」を読むべきであると勧めた。

会議のなかで彼らが以下のように主張したことを、いまでもはっきりと記憶している。「新しい情報技術の開発が進む現代においては、第二のベンヤミンの出現が求められている」。ベンヤミンを本格的に読みはじめたのは、それからである。その後今日までのＩＴ技術の急速な進展をみれば、音楽だけでなくリアルな映像が加わり、インターネットにおいては音と映像がもうひとつの「現実」にまで拡大している。しかしながら右に述べた問題の構造が変質したわけではない。ベンヤミンが提出した技術の進展と知覚の変容も、建築デザイン会議で若い建築家が提起したメディアによる空間体験の変容も、依然として現代の問題であるように思える。

アウラ

「複製技術時代の芸術作品」が発表されたのは、モダニズムデザイン運動が終盤を迎えつつあった一九三六年である。この論文のテーマは、十九世紀に出現した写真や映画という複製技術が古典的な芸術の存在意義を転換させ、大衆の知覚や感性を組みかえていくプロセスを分析することだった。絵画や彫刻といった古典的な芸術の儀礼的機能をもたらす「アウラ」は複製技術によって払拭される。写真や映画といった新しい芸術の社会的機能は、大衆の知覚と感性を革命によって生みだされる新しい社会にふさわしい状態へと移行させることにあるというのがベンヤミンの主張である。

本書によって、アウラという言葉が有名になった。しかし「どれほど近くにあっても、ある遠さが一回的に現れているもの」というベンヤミンのアウラの定義は、茫洋としていて理解しにくかった。アウラが近代的な複製技術によって、実際に払拭されるのかどうかも曖昧だった。そもそもアウラに対するベンヤミンの態度は両義的で、はっきりしなかった。「歴史哲学テーゼ」のなかでベンヤミン自身が述べているように、十九世紀以前の芸術の遺物であるアウラの否定性（ベンヤミン的にいえば「廃墟」）のなかに積極的な意味を読みとることが歴史家としてのベンヤミンの仕事だったからである。新しい技術の可能性に目を向けながら、同時に歴史とともに消え去っていくアレゴリーやアウラのなかにも、なんらかの積極的な意義を見いだそうとすること。ベンヤミンの思想のとらえどころのなさの要因は、そのあたりにあるのかもしれない。ベンヤミンを深読みすれば、アウラこそが意味を変容させながら今日まで生き延びてきたのではないかとも思えるのである。なぜなら、アウラは芸術の対象それ自体に備わった特性ではなく、対象をとらえる主体に備わった知覚図式から生みだされる特性だからである。技術が知覚を変容させるという視点は多分にカント的である。ならば、アウラは消去されるのではなく、主体のなかで変容しながらも生き延びていくのではないか。ベンヤミンはそれを期待していたようにも読めるのである。

新しい技術によって芸術の生産様式は転換されるというベンヤミンの主張は、モダニズム建築運動と共通している。モダニズム建築運動は、近代の工業技術の産物である鉄、コンクリート、ガラスによって新しい建築空間を生みだそうとした。モダニズム建築運動は十九世紀の建築が備えていた装飾を否定しザッハリッヒな表現を追求したが、それはアウラの払拭といってもよかった。これに対し、同時代に生きていたにもかかわらず、ベンヤミンが注目したのは一九二〇年代のモダニズム建築ではなく、十九世紀後半に鉄骨造によってつくられたパサージュだった。ここにもベンヤミンの錯綜したまなざしをみることができる。この点については後に検討しよう。

建築的無意識

「複製技術時代の芸術作品」のなかで、ベンヤミンは、歴史の転換期に新しい技術が大衆の知覚を変容させるプロセスを、建築の鑑賞を例に挙げて説明している。ベンヤミンがその点について説明した文章をぼくは何度も引用しているが、決定的な文章なので、ここでも紹介しておきたい。

「建築の及ぼす作用を考えてみることは、大衆と芸術作品との関係について究明しようとするすべての試みにとって、意味がある。建築物は二重のしかたで、使用することと鑑賞することとによって、受容される。あるいは、触覚的ならびに視覚的に、といったほうがよいだろうか。このような受容の概念は、たとえば旅行者が有名な建築物を前にしたときの通例のような、精神集中の在りかたとは似ても似つかない。つまり、視覚的な受容の側での静観に似たものが、触覚的な受容の側にはないからだ。触覚的な受容は、注目という方途よりも、むしろ慣れという方途を辿る。建築においては、慣れをつうじてのこの受容が、視覚的な受容をさえも大幅に規定してくる。また、視覚的な受容にしても、もともと緊張して注目するところからよりも以上に、ふと目を向けるところから、おこなわれるのである。建築において学ばれるこのような受容のしかたは、しかも、ある状況のもとでは規範的な価値をもつ。じじつ、歴史の転換期にあって人間の知覚器官に課される諸課題は、たんなる視覚の方途では、すなわち静観をもってしては、少しも解決されえない。それらの課題は時間をかけて、触覚的な受容に導かれた慣れをつうじて、解決されていくほかはない。慣れていくことは、くつろいだひとにもできる。それどころか、ある種の課題をくつろいで解決しうることこそが、初めて、ひとが課題の解決に慣れてきたことを、あかしする。知覚に課された新しい諸課題がどの程度まで解決可能になったかは、芸術が提供するべきくつろぎを目安として、点検できよう」(2)

「触覚的受容」と「視覚的受容」あるいは「慣れ」と「静観」というふたつの受容の仕方は、別の翻訳では「散漫な意識」と「注視」とも訳されている。ベンヤミンは、写真や映画のような新しい技術が生みだした芸術の受容の仕方を、太古から存在する建築の受容の仕方になぞらえただけかもしれない。しかしはじめてこの文章に出会ったとき、ぼくには、ふたつの受容の仕方は建築の本質をとらえているように思えたのである。そしてこの問題を、文化人類学や記号論などさまざまな視点から検討するうちに、二種類の受容モデルは、近代建築だけでなく近代技術が生みだした工業製品のすべてに適用できるのではないかと考えるようになった。ぼくは建築の触覚的受容、すなわち時間をかけて建築に慣れることは、建築空間の経験を無意識化し、空間を身体化することであることに注目した。そして、それを「建築的無意識」と名づけ、以下のように定義した。この定義は、現在でもぼくの建築デザイン観を決定づけている。

「建築的無意識とは、建築と人間との相互作用によって形成されるシステムのなかの固定的な回路である。ユーザーだけでなく、建築家もそのような回路を持っている。記号論においては、そのような回路をコード（記号体系）と呼ぶ。それは種としての人間に埋め込まれた遺伝コード、歴史的に形成された文化的・慣習的なコード、性癖や習慣といった個人的なコードなど、さまざまなレベルの回路が絡み合ったネットワークである。〔…〕ぼくとしては、たんに建築的無意識を明らかにするだけではなく、それを揺り動かし変容させる作業としてのデザイン行為という視点を導入することによって、テクノロジーの問題に結びつけたいと考えた。テクノロジーと建築的無意識とが一体となって、マインド・エコロジカルなデザインが生み出されるというヴィジョンである」(3)

パサージュ論とメタル建築論

ベンヤミンの思想の特異性は、技術を通して芸術をとらえようとする点にある。それは下部構造を通して上部構造をとらえようとしている点において多分にマルクス主義的だといってよい。しかしながら、それは下部構造が上部構造を決定づけるといった教条的なマルクス主義とは決定的に異なっている。上部構造は自律性を保ちながらも、下部構造の影響を受けて変容する。歴史のなかで両者は緊張関係を保ちながら、たえず相互作用を繰り返しながら変容していく。それが歴史に対するベンヤミンの視点である。「複製技術時代の芸術作品」は、まさにその歴史的な構造を分析したものなのである。

この論理は、建築の論理とまったく同型である。建築においては、建築をつくる技術（建設技術と設備技術）とそれが使われる用途（機能）と建築的な表現（記号）が重層している。ぼくはそれを「建築の四層構造」と呼んでいるが、これはまさにベンヤミンの所論からヒントを得た図式である。

近代建築は機械のイメージをもっているといわれる。たしかにそのとおりだが、機械はイメージとしてだけでなく、工業化という生産様式や機能性という機械的な合理性として近代建築の内部に浸透している。マルクスは、工業生産におけるリアルな機械化と生産様式における人間集団の機械的な組織化とは表裏一体であることを明らかにした。これを受けて文明批評家のルイス・マンフォードは『機械の神話——技術と人類の発達』(4)において、マルクスの論理をさらに拡大し、機械化の歴史は人間の思考の機械化（合理化）と社会の機械化（ビューロクラシー）の歴史と平行していると主張している。同じように、ベンヤミンはもっと精細に、近代が生みだした代表的な機械である写真装置が現実に機械として機能するのは、社会に浸透した認識論的な「写真装置」すなわち遠近法や客観性という知覚図式に支えられているからであることを明らかにした。要するに、技術は単独に進展するのではなく、それに対応した思考や知覚の技術化、技術が生みだす生産物の技術的合理化、そして技術を支える社会の技術的組織化を伴っている。それぞれの層は自律した論理をもちながら、他の層と分かちがたく結びついている。近代においては技術がもっとも急速に進展したために、他の層は技術に引きずられ、相互にズレを生じたのである。

ベンヤミンの未完の草稿『パサージュ論』は、十九世紀に新しく出現した鉄骨技術が生みだした商業空間であるパサージュをとりあげ、そこに展開するさまざまな都市現象を断片的に収集したものである。すなわち、技術がもたらすユートピア的な未来像を夢想した空想的社会主義思想、工業生産の浸透による商品の物神化と万国博覧会、パサージュを彷徨するフラヌール（遊歩者）たちの出現、写真や映画という新興芸術の出現による人々の感性や知覚の変容、日常性のなかに無意識が入りこんだシュルレアリスム的な感性の出現、室内化という都市空間の変容、といった一連の都市現象の歴史的な並行性と相互作用を精細に分析しようとした壮大な試みだといってよい。鉄骨技術が完成をみるのは一九二〇年代以降のモダニズム建築運動最盛期のアメリカにおいてである。ベンヤミンは同時代に生きながらも、あえて鉄骨技術が未完成で進展途上にあった十九世紀のパリに注目した。つまり、あらゆる都市現象を移行状態においてとらえようとしたのである。ベンヤミンは二十世紀に入ってナチズムやファシズムへといたる廃墟的な歴史を目の当たりにしながら、それとは異なる歴史の可能性を十九世紀に探ろうとしたのではないか。それが歴史家ベンヤミンの真骨頂だったように思えるのである。

ぼくは同じような問題を建築の視点からとらえ、十九世紀以降、現代にいたるまでの鉄骨建築の変遷をたどることによって、モダニズム建築運動の展開を技術的な側面からとらえることを試みた。それが「メタル建築論」である。その冒頭に、ぼくはこう書いている。これは明らかにベンヤミンの視点の引き写しだが、一点だけ決定的に異なるのは、ぼくの眼が過去ではなく二十一世紀に向いていることである。

「メタル建築が本格的に出現するのは十九世紀になってからである。これは産業革命によって、金属を大量に生産できる精錬技術が生み出されたことに起因する。メタル建築は当初は手工業を中心とする伝統的な建築生産技術によってつくられていたが、第二次世界大戦後になると近代的な工業生産技術によってつくり出されるようになった。近代的な工業技術へと向かう時代の流れの背景には近代的な科学があり、近代的な科学は合理的・論理的な思考方法によって支えられていた。したがってメタル建築は、近代特有の合理的・論理的思考の空間的表現として捉えることができる。その意味で、メタル建築の歴史を辿ることは近代建築の歴史を特定の視点から見直すことだといってよい。それは近代建築史のひとつの側面に焦点を当てることであり、それ自体がひとつの歴史観の提示に他ならない。それは工業化、機械化、分業化、軽量化、要素化、機能分化、均質化、透明化、非物質化、エフェメラリゼーション（短命化）、環境制御化、商品化、民主化、資本主義化といった諸潮流を歴史的な必然とみなす歴史観である。これらの潮流の個々の内容については、本章のなかで検討する。本章では、そのような歴史観によって近代建築史を逆照射し、さらにそれを近未来の建築に投影することを試みたい(3)」

ル・コルビュジエとベンヤミン

政治学者ハンナ・アーレントは『過去と未来の間――政治思想への8試論』[6]のなかで、歴史家の発想と政治家の発想を比較している。そこでアーレントは、歴史家は過去を重視するが、政治家は未来を重視するといっている。この対比のなかにベンヤミン(一八九二―一九四〇)を置いてみると、ただちに思い浮かぶのは、ほぼ同世代を生きたル・コルビュジエ(一八八七―一九六五)である。ル・コルビュジエは、モダニズム建築運動の中核的な建築家として多くの都市計画を残している。「輝く都市」はパリの大規模な都市改造の提案であり、その計画は十九世紀半ばのオスマンによるパリの都市改造を連想させる。ル・コルビュジエはCIAM(近代建築国際会議、一九二八―五九年)の中心メンバーとして、未来都市のあるべき姿を「アテネ憲章」(一九三三年)における「機能的都市」の提案としてまとめている。彼のスタンスは既存の都市をいったん白紙に戻し、そこに新しい未来都市を描くという点においてまさに政治家的だったといってよい。

ル・コルビュジエは十九世紀のパリを、都市計画家の眼によって、近代的に改造すべき都市空間としてとらえた。これに対して、ベンヤミンは歴史家の眼によって十九世紀のパリが重層的な意味を湛えた魅力的な都市空間であることを発見した。ル・コルビュジエの眼は「未来の変革」に向かい、ベンヤミンの眼は「過去の発見」に向かった。近代の都市計画においては、両者はけっして交差することはなかった。

しかし、二十一世紀の低成長時代にふさわしい成熟した社会においては、ル・コルビュジエの「輝く都市」のような、たんなる未来志向の都市計画は通用しない。ぼくたちは未来に眼を向けながら、そこにベンヤミンのような過去に向かうまなざしをとりこまねばならない。人口が徐々に減少する低成長の時代には、巨大なエネルギー消費によって支えられた広大な郊外型の都市はふさわしくない。働く場所と生活する場所が近接し、都市の諸機能が効率よく組織されたコンパクトでサステイナブルな都市こそがふさわしい。都市とは本来さまざまな機能が混在し集積することによって成り立つ場所である。都心居住こそが近未来都市の居住形態なのである。

では、そのようなコンパクトでサステイナブルな都市はどのようにつくられるのだろうか。これまでの都市再開発のように、マスタープランにもとづいてすべてをクリアランスして建て直す「外科手術的」な計画によってではない。比較的小規模の個別的な開発を連動させ、漸進的に街をつくりかえていく「内科療法的」な計画によってである。個々の開発においては建て直しももちろんあるだろうが、むしろリノベーションやコンバージョンが主役になるだろう。都心にはすでに大量の建築的ストックが蓄積されている。まず必要なのは、それらの建物を注意深く観察し、生みだされた経緯を調べ、潜在的な可能性を探りだす「歴史家の眼」である。つぎに必要なのは、見いだされた微細な条件から新しい空間を発想し、新しい都市を生みだす「都市計画家の眼」である。いままでは交差することのなかったふたつの眼を通して、歴史が重層したコンパクトで豊饒なサステイナブル都市が生みだされるだろう。二十一世紀の、とりわけ3・11以降の街づくりにおいてはル・コルビュジエの眼とベンヤミンの眼の統合が求められているように思える。

注

(1) コーリン・ロウ『マニエリスムと近代建築――コーリン・ロウ建築論選集』伊東豊雄、松永安光訳、彰国社、一九八一年。
(2) ヴァルター・ベンヤミン『ボードレール他五篇』野村修訳、岩波文庫、一九九四年。
(3) 難波和彦『建築的無意識――テクノロジーと身体感覚』住まいの図書館出版局、一九九一年。以下に再録。難波和彦『建築の四層構造――サステイナブル・デザインをめぐる思考』INAX出版、二〇〇九年。
(4) ルイス・マンフォード『機械の神話――技術と人類の発達』樋口清訳、河出書房新社、一九九〇年。
(5) 難波和彦「メタル建築論――もうひとつの近代建築史」、『シリーズ都市・建築・歴史9――材料・生産の近代』鈴木博之、石山修武、伊藤毅、山岸常人編、東京大学出版会、二〇〇五年。
(6) ハンナ・アーレント『過去と未来の間――政治思想への8試論』齋藤純一、引田隆也訳、みすず書房、一九九四年。

アンドレ・ルロワ゠グーラン
『身ぶりと言葉』を読む

欠乏から生まれる新しいリズム

杉村浩一郎＋佐藤大介

手と脳の解放

「最も広い意味における人間の位置は、直立位によって条件づけられたようにみえる」(1)

人間の進化（脳の発達）は他の動物に比べると飛躍的な進化をとげた。その人類の進化の最重要な転換点であり、ルロワ＝グーランの唱える進化の大筋を簡単に振り返ってみる。四足歩行の動物は、食べることはもちろん、つかむ、戦うなどその多くの行為に口を使うため、必然的に歯や顎が発達する。発達した歯や顎によって頭は大きく重たくなり、首の筋肉で支えられる重さの限界点に達したところで、それ以上頭を重くできない（いいかえると脳を大きく発達させる余裕がない）。それと同じように人類も猿から猿人へと進化するのだが、ほかの動物と決定的に違ったことは、その過程で二本足で立ち二足歩行を可能にしたことにある。二本足で立ち、二足歩行が可能になった人間は、立つことで手が自由になり、歯や顎のかわりに手を使うことができ、負担が軽くなった歯や顎は小さくなった。また、立つことで頭の重さを首だけではなく背骨、体全体で重力に対して垂直に支えることができるようになった結果、頭蓋後頭部が後ろに下がり、脳が大きくなるスペースが生まれることにつながる。自由になった手は身ぶりをともなうコミュニケーションを形成し、触発された脳はさらなる発達の過程で言葉を身につける。手はさらに、道具や技術を生みだし、言葉によって脳はさらに進化し、人間特有の精神や文化にまで広がっていく。この人間特有の精神や文化といったものによって構成された人間の時間と空間を、ルロワ＝グーラン流に「リズム」と呼ぶ。「もろもろのリズムは、少なくとも主体にとっては、空間と時間の創造者である(2)」

外化される記憶

「家の相貌には、住み手もほとんどきづかぬ苦悶、怨恨、破壊的な衝動や投げやりからうまれてくる死や崩壊もあらわれている(3)」

古い家を訪れたとき、家の古さや住み手の生活ばかりでなく、住み手がそこで経験した感情のようなものを感じるときがある。心がざわめき、体全身に緊張が走り、その場にとどまりたくなったり、あるいはいますぐにでも逃げ出したくなったり。言いあらわしようのない感情。それは、写真やビデオだけでは表現しきれず、またノスタルジーといった言葉では片づけられない。家は、住み手の経験した感情を記憶し、家自身が感情をもつかのようにわれわれに訴えかけてくる。

家がもつこういった記憶装置としての役割について、本書を読みといていくとしよう。

身ぶり（技術）と言葉（文化）を手に入れた人間は集団で住まうようになり、物事を共有し、言葉によって意志の疎通をおこなうようになった。これによって個人がもつ技術、知識、思考、感情などの記憶は、多数の人間が共存する社会のなかで足し算のごとく倍増し、進化を加速させることになる。このプロセスは「記憶の外化」として個体の自由と集団の発展を可能にしていく。「民族の記憶が動物種の外におかれる結果、個体が既成の民族の枠外へ出る自由や、民族の記憶そのものが進歩する可能性が現われる(4)」「人間の進化はすべて、人間を除く動物界で種の適応に相当する部分を人間の枠外に置こうとすることと一致している(5)」

この外化される記憶について、グーランは「媒体の記憶」「社会の記憶」「経験の記憶」の三つに分けた。「媒体の記憶」は記憶を外化する手段である。言葉、書物、絵、ハードディスクといった記憶媒体自体のことを指し、自分の考えを伝え、書き記し、歴史に残すといった目的のためにある。四万年前、人類が洞窟に壁画を描いたことは家が「媒体の記憶」であったことをも指すのである。「社会の記憶」は、自分と他者が集まってはじめて成立し、記憶を外化するとともに自分もその一部となるものである。たとえば、祭りは自分と他者とともに集団でおこなうことによって成立し、また祭りが積み重ねてきた歴史は自分を過去の人びととも結びつかせ、その場所の地域性と一体化することを可能にする。神社や寺は、そういった「社会の記憶」をおこなう場として存在し、それ自身も「社会の記憶」となっていった。「社会の記憶」は、集団固有の認識を生み、ひいては民族や文化をも意味する。「経験の記憶」とは物質がもつ記憶ではあるが、媒体の記憶とは違い、直接記憶を伝えるためにできたものではなく、そこに何者かが存在したことを読みとれる手垢である。

たとえば住み慣れた家や場所を想起していただきたい。そこには機能的な側面だけでなく、自分が生活した痕跡や思い出、愛着があるであろう。また自分が経験した家だけでなく、他人が住んでいた古い家にも、生活臭やいたるところにある傷がそこに住んだ人物像をイメージさせる。これらは、機能的な重要性はないが人間の温かみや郷愁、寂しさや楽しさといった感情を記憶してくれる。この住み手の生活や思いを想起させるものが「経験の記憶」であり、「媒体の記憶」や「社会の記憶」だけでは説明ができない存在であり、そして冒頭でふれた家がもつ感情である。この「経験の記憶」について、多木浩二が『生きられた家』のなかでこう述べている。

「名づけようもなく、直接読み解くこともできず、またそこになぜあるかもわからぬ来歴を家が記憶している(6)」

「家そのものが記憶である。それは私だけでなく、私の先祖たちの痕跡であり、さらに、家族をこえて家をつぎつぎに進化させてきた人類の時間の痕跡が重なっている(7)」

「経験の記憶」は、家を家たらしめる根拠であり、人間を人間たらしめるよりどころなのである。そして家はこの三つの記憶すべてをおこなう記憶装置であり、身ぶりと言葉を手に入れて以降の人間の進化を可能にしたひとつの要因なのである。しかしモダニズムは、「媒体の記憶」と「社会の記憶」は残し、「経験の記憶」を排除しようとした。

「近代デザインは、人類学的時間の多元性を、過去を切りはなすことで一元化しようとし〔…〕ゼロから始めることを主張した。〔…〕そのようにデザインされた住宅を、私はすべてモダニズムと考える(8)」

モダニズムが当時、完全には成功せずそこに愛着が生まれなかったのも、「経験の記憶」を感じることができなかったためである。感情のない、無機質な存在。しかし奇しくも現在、モダニズム建築に感じる親しみは、何十年経ってそれ自身に「経験の記憶」が備わったからであろう。モダニズムの「経験の記憶」は、時間が経過することで成立するのだ。

東日本大震災にともなう津波によって、沿岸地域の街はすべてを失った。「媒体の記憶」である書物や写真アルバムなどは流されてしまったが、この記憶はクラウド・コンピューティングの発達によって保持できる。「社会の記憶」は逃れた人々によって、ふたたび構築することができる。しかし「経験の記憶」はすべて流されてしまった。避難指示が下された福島第一原発の周辺地域も同じである。この状態はモダニズムが求めたゼロからの構築が可能な状態である。だが、モダニズム建築を用いて「記憶」を育む時間の猶予はない。なぜならば、被災者は「経験の記憶」を欠いたことで、三つの経験によって構成されるリズムが崩壊し、人間たらしめる根拠を失いかけているからだ。そのためにも「経験の記憶」の早急な再構築を考える必要がある。家に感情をもたせねばならない。加えて、今後「経験の記憶」を失わないために、たんに家を壊れないものにするといった物理的維持だけではなく、「経験の記憶」の新たな維持方法を見つけなければならない。その先に家が人間の進歩の一因となり、人間は新しいリズムを獲得できるであろう。

変容するリズム

記憶が外化された後に、技術や言葉が担う役割はコンピュータなどの人工知能にとってかわり、新たな時代が到来する。しかしその一方で、ルロワ＝グーランは進化によって獲得した技術、さらなる進化の先に生まれる技術にも警鐘を鳴らしている。

この本が書かれた一九七〇年代、世界はエネルギー革命の大きな転換期を迎えていた。第四次中東戦争に端を発した世界同時不況、イギリス、アメリカから広がりはじめた新自由主義を経て、日本では高度経済成長期以後のさらなる発展に必要な、高出力で安定的な電力エネルギーが求められた。そこで注目されたのが、当時黎明期にあった原子力による発電である。しかし原子力発電という新技術に対する議論は不足したまま、起こることのないとされた事故のリスクと核燃料廃棄物の最終処理を除いたコストは、まやかしの安全性と経済性に置きかえられ、原子力発電所の地方へもたらす交付金と都市における大量の電力消費により、その依存度に拍車がかかっていく。それから半世紀近く経とうとする今日、とりわけ東日本大震災に伴う福島第一原子力発電所事故以後は、確実に既存のエネルギー意識に対する変化が求められている。この求められる変化を、ルロワ＝グーランの言葉のなかに見いだし、読みかえてみたい。

「人類を信頼しないことは自然に反するだろうが、想像を方向づけるのはむずかしい。人間の地球規模への拡大には、数多くの解決が考えられる。一つは、多くの人があまりはっきりさせないまま考えているもので、原子爆弾のような手続きで人間の冒険に終止符が打たれるというのである。これは、もし事件が起きればあらゆる仮定が無駄であるという、それだけの理由で廃棄すべき仮定である。人間に賭けるほうがましである。それと同じ理由で、力強い神秘的なアプローチではあるが、一見あらゆる黙示録のしるしをおびているテイヤール・ド・シャルダン的な幻《ヴィジョン》を考えてみる気になることもあろう。人類は何千年ものあいだ〈終末点《オメガ》〉を待つことにもなりかねないので、西暦一〇〇〇年の時のように、待ちうけるなかにも自ら組織して生きつづけなければならないだろう。第三の解決は、洞窟内で自由ではあっても、そこから出た人間がトナカイと出会うかライオンと出会うかという偶然にゆだねられた夕食を求める世界よりも、個人が無限に社会化でき、あらゆる細胞の福祉のために機能をはたす人工世界のほうが、個人にとってずっと望ましいと考えることである。この解決のばあいは、わたくしは確信するが、種《スペキエス》の名札を変えて〈ホモ〉という属に付加すべき別なラテン語を見つけなければならない。最後に、ある自覚をもって〈サピエンス〉でありつづけようという意志において決定される未来をもった人間を想像することができる。そのとき人間は個人的なものと社会的なものとの関係の問題を完全に考えなおし、その数的密度、動植物界との関係という設問に具体的に正対し、地球の管理を偶然の戯れとは別なものとして考えるために、細菌的な文化行動を模倣することをやめなければならないだろう(2)」

まず原子力や核兵器などの問題（事故・災害・戦争）が起きたとき、いままで積み重ねてきた膨大な人類の歴史が一瞬にして無駄になってしまう技術（ひとたび問題が起きると人間自身の手でコントロールすることができない技術、一瞬にしてすべてを無にしてしまうような技術）に依存しながら未来に進むべきではない。ふたつめに、諸行無常——地球という惑星もいつかは終焉〈終末点〉を迎える可能性を考え、限りあるエネルギー資源や、負荷をかけつづける地球環境を念頭に置いた技術の開発をおこなうべき。三つめに、個が個のままで社会化されるような、周りとのつながりを必要としない関係をやめて、人間社会へ進化してきた過程にあった綿密な個と集団とのあいだから生まれる社会関係、現代社会における地域コミュニティの再形成など人間同士の共存関係の重要性をあらためて考えなおすべきである。

進化の先に生まれるもの

『身ぶりと言葉』のなかでルロワ゠グーランは、人間の進化の歴史を再定義し、進化の流れを時間とともに追いさまざまな進化の可能性をあげ、この先の時代へとつながる主題の探索をおこなってきた。さらに進化の次のステップを模索するとともに、今後訪れるであろう危機までも憂慮している。

「あらゆる文化において、習慣になっていない運動や、言語の表出の重要な部分は、精神環境の急変するなかで、新たな状態を求めた結果として生じる。このことを考慮するなら、リズムの均衡が破れることが重要な役割をはたしているのは認めなければならない(10)」

「人類の生涯が終ったと考えるのでないかぎりは、なにか第四の解決のようなものが来たるべき世紀に不可避的に試みられるだろう。種《スペキエス》はなおその根底にあまりに強く結びついていて、自然にそれを人間たらしめた均衡を追い求めないわけにはいかないからである(11)」

そして半世紀の月日を経て、二〇一二年ふたたびこの本が世に出ることになる。奇しくも前年には東日本大震災が起こり、津波によって街が流されたことで「経験の記憶」は失われ、原子力発電所の事故によって人工知能による手の退行が進む現代に警鐘が鳴らされた。このような大きく衝撃的な出来事を目の当たりにしたとき、私たちはこれから先の生き方や未来への希望を転換する必要性に駆られる。そもそも人類は進化の過程で、太古のむかしから続いていた生物的リズムを壊したために起こった「欠乏と制御」を繰り返すなかで、いままでになかった新しい価値観、文化、技術といったリズムを創出してきた。たとえば脳の発達の重要な転換点である二足歩行に移るためには、木の上の生活は手放す（欠乏）しかなかったように。そう考えると原子力発電という、いままで恩恵を受けてきた技術をあえて意識的に手放し（欠乏させ）、その結果起こるエネルギー不足のストレスを別の技術で克服する（制御する）ことは、新たな技術や文化（リズム）を生むためにも不可欠なサイクルに思えてならない。いままでの進化を歴史として実証的にとらえ、これからの未来への進化の糧にすることで目の前に立ちはだかるさまざまな問題は必ずや乗りこえられるだろう。また『身ぶりと言葉』のなかでルロワ＝グーランが示した膨大で説得力に富む実証をみると、本来人間にはその問題を乗りこえる（進化する）能力が備わっているように思えてならないのである。

注

（1）アンドレ・ルロワ＝グーラン『身ぶりと言葉』荒木亨訳、ちくま学芸文庫、二〇一二年、五三ページ。
（2）同、四八五ページ。
（3）多木浩二『生きられた家』岩波現代文庫、二〇〇一年、二〇〇ページ。
（4）ルロワ＝グーラン、前掲書、三六三ページ。
（5）同、三七五ページ。
（6）多木浩二、前掲書、二一〇ページ。
（7）同、二一〇—二一一ページ。

（8）同、二一三―二一四ページ。
（9）ルロワ＝グーラン、前掲書、六三〇―六三一ページ。
（10）同、四四五ページ。
（11）同、六三一ページ。

建築の原型へ

難波和彦

二〇一〇年六月から始まったＬＡＴｓ（Library for Architectural Theories）の読書会は、今回で最終回である。ぼくたちはＬＡＴｓを立ち上げるにあたって、その趣旨にこう書いた。

「ＬＡＴｓはとりくむべきテーマを、「日常性」「複雑性」「具体性」「歴史性」「無名性」「無意識」という一連のキーワードとして列挙し、これにもとづいて近代以降の著作を精緻に読み込みながら、モダニズム運動の陰で捨象された「近代」をとらえる精細でオルタナティヴな視点の探索を試みる。同時に「近代」への認識の解像度を高めることは、その先へと向かうスタート地点となるだろう。同時にそれは、理論的な建築実践の可能性を、いま一度検証する試みでもある」

いまでは「近代」という言葉を以前ほど重く感じなくなったのはぼくだけではないだろう。３・11の深い影響がボディーブローのように効きはじめたせいだろうか。あるいは３・11が決定的な契機であることがあらためて明らかとなり、それ以前に戻ることよりも、まずは前に進むことの重要性がはっきりと認識されるようになったからかもしれない。ぼくのみるところ3・11以降のもっとも大きな視点の転換は、一言でいえば「始原への指向」である。家の原型、コミュニティ、まちづくり、代替エネルギー、ボトムアップ、アノニマスなどさまざまな言葉が使われてはいるが、それらはすべてひとつの方向、すなわち原点と原理に向かおうとしている点で共通している。LATsも例外ではない。キーワードをみても明らかなように、LATsの視点は変転する時代の底流にある「変わらないもの」へのまなざしにおいて一貫している。とりわけ今回とりあげる『身ぶりと言葉』は、人類史全体を視野に入れている点においてLATsの最終回にふさわしい著作といえるだろう。

多木浩二／池辺陽／クリストファー・アレグザンダー

『身ぶりと言葉』の原書フランス版は一九六五年に、日本語版は一九七三年に出ている。ぼくがはじめて読んだのは一九八〇年代半ばである。『生きられた家——経験と象徴』を書いた多木浩二が何度もこの本に言及していたことに触発されて手にとった記憶がある。多木は本書の広大な人類学的視点を建築にもちこみ、建築の歴史の総体を人類史のなかに位置づけることによって近代建築をまるごと相対化しようとしていた。『生きられた家』の主旨は人類史という歴史的スパンからみた近代建築の無時間性に対する批判といってよいだろう。多木は人間が周囲の世界を知覚する際の文化人類学的なふたつのパタン「巡回空間と放射空間」を多用していたが、これは本書からの引用である。

一九八〇年代はいわゆるニューアカデミズムの時代であり、フランス思想を中心にポストモダニスムやポスト構造主義の思想が流行していた。建築の世界においても、モダニズム建築を乗りこえるポストモダニズムへの足がかりとしてニューアカデミズムで紹介された記号論や文化人類学などの所見が注目されていた。ニューアカデミズムは当時のバブル経済と無関係ではなく、新しい知に対する過剰な欲望にあふれた「知のバブル」といってもよかった。

ぼくが本書に興味をもったのはニューアカデミズムと無関係ではなかったが、それ以上に、ぼくの師匠である池辺陽の影響が大きかったように思う。池辺は東京大学生産技術研究所の池辺研究室において研究と設計に携わるかたわら、一九六〇年代末に「環境と工業を結ぶ会」（DNIAS＝Design Network in Industrial Age for Spaces）という専門領域をこえたデザイナーや研究者のネットワークを創設し、一九七〇年代初頭にかけて講演会や展覧会など幅広い活動を展開した。この会は工業化社会における環境づくりのあり方を多面的な視点から検討しようとするクロスオーバーな会だった。ぼくは一九六九年から五年間、池辺研究室に所属していたが、その間DNIASの事務局を務めたので池辺の広大な視野に身近でふれることができた。月例の研究会を企画し、その結果をレポートにまとめることを通して、ぼくの視野は急激に広がったように思う。DNIASの活動は『Monthly Report合本』（私家版、一九七三年）や『人間・建築・環境六書』（池辺陽ほか編著、彰国社、一九七五年）にまとめられている。池辺の遺作である『デザインの鍵』（丸善、一九七九年）は池辺の多面的な活動の集大成をコンパクトにまとめた著作だが、現在読んでも新鮮な考え方が散りばめられている。

もうひとつ、クリストファー・アレグザンダーからの影響を忘れることはできない。『形の合成に関するノート』（稲葉武司訳、鹿島出版会、一九七八年）は短い論文ではあるが、内容もさることながら巻末の膨大な参考文献を見て驚愕した憶えがある。以後今日まで、ぼくはその文献を片端から読むことを自分に義務づけてきた。『ノート』の延長上にまとめられた『パタン・ランゲージ――環境設計の手引』（平田翰那訳、鹿島出版会、一九八四年）は、建築と都市に関する膨大な知識と情報が盛り込まれた文字どおり百科全書的な著作である。その背景には自然科学的、社会学的、人類学的な視点にわたる広大な所見を読みとることができる。アレグザンダーの建築思想の背景には明らかにルロワ＝グーランと同じ文化的、人類学的な視点が潜んでいる。

ぼくは多木、池辺、アレグザンダーから学んだことの集大成として『表現世界の底流をなす用語』（「建築知識」一九八三年九・十月号別冊）という用語集にまとめたことがある。さまざまな表現ジャンルの専門家に依頼して、建築を可能なかぎり広い視点でとらえることをめざした用語集である。以上のように、空間的、歴史的視野を可能なかぎり拡大し、そのなかに建築を置くことによって近代建築を相対化すること。それがポストモダニズムの底流にある視点であり、『身ぶりと言葉』はそのための格好の足がかりになったわけである。

原始の小屋

建築は人類の発生と同時に生まれたとは、建築を学びはじめる際によく指摘されることである。自然環境や外敵から身を守るには、なんらかのシェルターが必要であることは容易に想像がつくので、この指摘はとくに疑問をもたずに受け入れられる。しかし人類とともに生まれた建築が具体的にはどのようなものであったのかについて問われることはあまりない。

近代建築の端緒である十八世紀のヨーロッパ啓蒙主義の時代には「原始の小屋」に関する議論が展開され、さまざまな建築の原型が提案された。代表的な提案はマルク＝アントワーヌ・ロージェが『建築試論』（一七五五年、三宅理一訳、中央公論美術出版、一九八六年）で示した「田野の小屋」がよく知られているが、現代からみれば、ギリシャを理想とする当時の思想や文化に色濃く染まっていることは明らかである。時代は異なるが、日本においても「登呂の遺跡」が有名だが、その復元には伊勢神宮の神話的な影響がみられる。十九世紀になると考古学的な視点から、よりリアルな「原始の小屋」が提案されるようになる。一八五一年にロンドンで開催された万国博覧会にカリブ諸島の未開民族の小屋が展示されたが、当時イギリスに亡命していたドイツの建築家ゴットフリート・ゼンパーは、それに触発されて『建築芸術の四要素』という原型建築論をまとめている。ゼンパーのいう四要素とは基礎、骨組と屋根、軽量の被覆、そして炉である。これはロージェのようなヨーロッパの源流であるギリシャ文化からの発想ではなく、文化人類学的な視点によって見いだされた住宅の原型といってよいだろう。「原始の小屋」を歴史的・文化人類学的にたどったジョセフ・リクワート『アダムの家――建築の原型とその展開』（黒石いずみ訳、鹿島出版会、一九九五年）において、リクワートは建築の原型は「発見された洞窟」と「つくられたテント」というふたつの類型に収斂すると結論づけている。ここまでくれば、時代の文化的影響を免れて純粋に科学的な結論になっているように思える。

「建築の原型」へのこれらの遡行に対して、『身ぶりと言葉』におけるルロワ＝グーランは人類史をさらに過去へとさかのぼり、原人から人類へと進化する過程における身体と脳の形質的な変化をたどりながら、進化によって生じる脳＝身体と、環境の相互作用の構造から「建築の原型」を探りだそうとしている。

技術と言語

本書の概要は、文化人類学者の寺田和夫による巻頭の「まえがき」に明解にまとめられている。『身ぶりと言葉』という標題は、本書の内容からいってはなはだ謙虚にみえる。というのは目次からもわかるように著者は、太古から今日にいたる人類の生物学的、文化的な進化を実証的、理論的に提示しようとしているからである。本書は強い個性をもった、人類学概論と呼ぶこともできるだろう。

だが、ルロワ＝グーランが「身ぶり」という言葉を技術あるいは行動というようなきわめて広い意味で使っていることを読みとると、実際は、動物を人間から区別する二つのもの、つまり文化と言語を考察することによって、人類の本質を解明しようとしたのだということがわかる。本書の第一部が「技術と言語の世界」と題されているのをみてもその意図を想像できるのである。

技術論にかけては著者は人類学者の中で世界の第一人者だといってよい。本書の中でもその見識は充分にうかがわれるが、彼にとって技術とは「一連の動作に安定と柔軟性を与える文字通りの統辞法《シンタクス》によって連鎖的に組織された身ぶりと道具のこと」であり、ここでいう統辞法とは「記憶によって提示され、脳と物質環境のあいだで生みだされたもの」である。環境に適応するように考案され伝統に支えられた――と平易に言えるだろうが――技術と、言語活動との平行関係を巨視的に眺めるところに、本書の一つの特色がある。彼は、古代人が道具を作ったその瞬間から言語活動の可能性をみようとするが、それを安易な形で結びつけることなどはしない。脊椎動物の進化をあとづけながら、直立歩行、手の解放、咀嚼器官の縮小、大脳の発達という人類の特殊性を生物学的な背景の中で浮き彫りにすると同時に、道具の示す技術的ないし知的レベルと大脳と言語の関係をくわしく解きあかしていく。それらは壮大な網の目を作り、読者に考えることを強要し、現今流行の安易な図式的思考を許さない。確かに人類の現象はそんな簡単なものではないのだ」（ちくま学芸文庫、二〇一二年、九―一〇ページ）。

「身ぶり」とは道具＝技術のメタファーであり、「言葉」は表象機能を意味している。表象機能とはシンボルを「外化するはたらき」、すなわち自然界、物質、社会といった領域に置きかえて客観化する能力のことである。ルロワ＝グーランは、直立歩行に移行した結果としてもたらされた脳の拡大と「手」の解放が「身ぶり」すなわち道具＝技術と言葉すなわち表象機能を同時並行的に生みだしたと主張している。身ぶり＝技術と言葉＝表象能力とは、脳の同一部位において神経的に結びついているので、たがいの能力を高めあうような協調関係にあるからである。表象機能の代表が言語であることはいうまでもないが、イメージの描画や空間化も表象機能の重要な要素である。表象機能の一要素である空間化の能力によって住居がつくられ、集団の表象として集落がつくられる。表象言語能力と空間化能力とは密接に連関しているが、脳の進化につれて両者は左脳と右脳へと分化していくわけである。

技術と言語という人間の能力は「記憶」によって蓄積され、記憶は層をなすことによって無意識や潜在意識としてルーチン化されていく。さらにそれが集合化することによって、民族や社会の表象へと共有化され慣習化されていく。このような論理展開にもとづいてルロワ゠グーランは、まず人間にとって原初的な意味を担う価値とリズムの身体的な根拠を探り、それを「生理の美学」へと統合している。そして外化された表象が生理の美学によって機能の美学へと高められ、それにもとづいて時間と空間が人間化・社会化され、住居が生みだされるのである。

住居には、（1）技術的に有効な環境の創出、（2）社会体系をもった枠組みの確立、（3）周囲の宇宙への秩序の付与、という三つの機能がある。ルロワ゠グーランはこう言っている。「居住空間をつくるというのは、単なる技術上の便宜ということではなく、言語活動と同格の、全体として人間的な行動を表象的に表現したものである」（五〇二ページ）。さらに時間と空間の人間化・社会化は「巡回空間と放射空間」という典型的な空間把握のパタンを生みだすという。巡回空間とは動的で空間を意識しながら踏破する遊牧民的な空間であり、放射空間とは静的で未知の限界まで薄れながら広がっていく輪を自分は動かずに周りにつぎつぎと描く農耕民的な空間である。そこから社会の表象としてミクロコスモスとマクロコスモス、集落や都市が生みだされる。さらには装飾、美学、慣習も社会の表象の一部なのである。

ルロワ゠グーランの洞察力の鋭さは、こうした始原的・考古学的な検証から、現代文化に対する批評を導きだす点にみられる。たとえば無声映画からトーキー映画やテレビへの進展について、ルロワ゠グーランは以下のように書いている。ここでは、「複製芸術時代の芸術作品」において、ヴアルター・ベンヤミンが主張したメディア論、すなわち大衆は映画というメディアを「散漫な意識」によって受容するという主張の根拠が詳細に検証されているといってよいだろう。

「無声映画は伝統的な条件をそれほど変えはしなかった。無声フィルムは、眼に映る映像と個人のあいだに自由な余地を残してくれる音楽の伴奏によって与えられる音声的な、漠然とした表意文字に支えられていた。トーキー映画とテレビの次元になると、条件はいちじるしく変ってくる。それは動きを見てとる働きと聞きとる働きを同時に動員する。つまり全知覚領域の受動的な参加をひきおこす。個人的解釈の余地は極端にせばめられる。表象とその内容とは完璧に近くなるリアリズムのなかで混同される一方、観客はこうしてつくりだされた現実的状況によって、能動的な介入のまったく不可能なところに置かれるからである。〔…〕実際、視聴覚の技術は、この両面から人間進化の新しい状態として現われ、人間の最も本質的な部分、省察する思考に、直接影響を及ぼす状態として現われるのである」（三四〇―三四一ページ）

映画に対する能動的な介入が不可能であるという指摘は、一般的な可能性としてならば通用するかもしれない。しかしながら、ぼくとしては異論がある。介入のハードルが高ければ、さらに高度な能動性を引き起こす場合があるからである。映像の進化は、そのような突然変異的な行為から生じるのではないだろうか。

ルロワ＝グーランは、人類の進化はすべて身ぶりと言葉、すなわち技術と言語の始原的なバランスから生まれたが、その後は徐々に身ぶり＝技術が言語＝表象機能に従属するように進化し、映画やTVのようなメディアの進展によって、現代では言語活動は外化された表象機能である視聴覚技術にとってかわられてしまったと指摘する。人間の未来に関する以下のような彼の結論はやや悲観的である。

「それゆえ完全に転移されたホモ・サピエンスを考えなければならない。われわれは、人間と自然界の最後の自由な関係に立ち合っているように見える。道具、身ぶり、筋肉、自分の行為のプログラミング、記憶などから解放され、遠隔普及手段の完成によって想像力から解放され、動物界、植物界、風、寒さ、細菌、山や海の未知から解放されて、動物学上のホモ・サピエンスは、おそらくその生涯の終末期に近づいている」(六二八—六二九ページ)

この結論は頭では理解できる。しかしながら、そのような状況にどっぷりと浸かっているぼくたちとしては、そのような状況を受け入れ、それを次のステップに活かしていくしかない。建築というメディアにおいても同じような問題が問われているからである。ルロワ＝グーランのややペシミスティックな歴史観は、多木浩二の『生きられた家』にも遠くこだましているように思える。

LATs総覧

以上のように『身ぶりと言葉』はLATsでとりあげた著作ラインアップのなかでは、もっとも射程距離の長い歴史的な視点を与えてくれる。そこでLATsのキーワードにあらわれている原点思考を念頭に置きながら、これまでのラインアップをあらためて総覧してみよう。

(1)『日常的実践のポイエティーク』(技術の起源へむかって)では、日常生活のなかでおこなわれているさまざまな活動を一緒の創造行為としてとらえる視点を提示することから出発した。そして非日常性の典型的活動と考えられてきた芸術に対して、日常的な行為も一種の創造行為であるという視点を対置することによって、生産と消費、制作と使用、創作と受容、アートとデザインといった伝統的な区別を無化し、両者をひとつながりの活動としてとらえようとするのである。

（2）『S, M, L, XL ＋』（プログラム‐調査‐理論化‐デザインという連鎖）では、現代の建築デザインが置かれているグローバルな現代都市の状況が多面的かつ精細に分析されている。そこには建築デザインはその状況を批評したり変えたりすることはできないほど世界的であり普遍的に浸透しているという時代認識がある。現代の時代状況や都市コンテクストは、建築デザインを浮き立たせる背景としての〈地〉である。しかもそれはジェネリック（無名）でジャンクな空間である。

（3）『崇高と美の観念の起原』（美学の深度）では、単純に美しいものだけを追求したのではリアルな建築や都市は生まれないという事実から出発し、崇高の観念を手がかりとして、崇高の感情が生み出される心理的な構造の分析から「否定的な感情を克服する快」というカント的な主観性の美学が展開される。そしてそこから一歩踏みこんで、建築における「克服可能な不快性」による積極的な快という単純な美学をこえるパラドクシカルな美学が提唱される。ここにはデザインの意義に関するつくり手の意図から受け手の働きかけへの視点の転換がある。

（4）『生きられた家』（機能主義2・0）では、建築がデザインされ建設される時点ではなく、それが使われ、住まわれ、読みとられる時間に注目し、その状態を「機能2・0」としてとらえることから出発している。「機能2・0」とは、建築家の当初の意図をこえた過剰な部分、あるいは用途や実用性に限定されていたこれまでの機能の概念を拡大し、新たな機能主義の可能性（あるいは不可能性）の必要性を説く。ここにも従来の計画やデザインの概念に対する疑念がある。
（5）『驚異の工匠たち』（自然と作為のデザイン論）は、一九六〇年代後半にモダニズム批判として勃興したポストモダニズム運動を支えたアノニマスな「建築家なしの建築」への注目の「起源指向」を明らかにし、その視点に潜む矛盾を「自然《じねん》と作為」の対立としてとらえている。「建築家なしの建築」は自然発生的な建築というよりも、名前は記録されていないが、優秀なクリエーターがデザインした建築が人びとに共有され、長い時間をかけて洗練されていった建築ではないだろうか。
（6）『生態学的視覚論』（生態学的建築論をめざして）では、建築家は建築が人びとや社会に与える影響に注目するが、人びとには建築を理解し受容する無意識的な図式が埋めこまれており、建築と図式の相互作用によって定常的な回路がもたらされると主張する。そのような定常的回路をジェームス・ギブソンは生態学的不変項、すなわちアフォーダンスと呼んだが、そのような無意識の回路を空間の知覚全体に拡大し、建築と人間の相互作用としてとらえるのが生態学的建築論である。
（7）『アメリカ大都市の死と生』（自生的デザインの可能性）では、ジェイコブスが主張する「都市の原理」すなわち「都市にはきわめて複雑にからみあった粒度の近い多様な用途が必要で、しかもその用途が、経済的にも社会的にも、おたがいに絶え間なく支えあっていることが必要である」にもとづき、これからの都市はモダニズムが主張した公的な組織によるトップダウン的な計画ではなく、民間による部分的な計画の集積によるボトムアップ的な計画つまり「自生的デザイン」によって造られねばならないと主張する。3・11以降の復興においては、この主張はとりわけ重要である。
（8）『球と迷宮』（抑圧されたモダニズムの回帰）では、モダニズムの建築・都市計画の試みが「球」

すなわち「計画＝秩序」と「迷宮」すなわち「カオス＝無秩序」とのせめぎあいのもとに展開した歴史的な事実に焦点を当て、モダニズムの可能性と限界を明らかにしている。一九九〇年代の社会主義諸国の解体以降、支配的になった新自由主義に対して、3・11は「抑圧されたモダニズムの回帰」としてふたたびトップダウン的な計画思想を呼び起こすことになるかもしれないことに注意を喚起している。

（9）『混沌からの秩序』（決定論的カオスの教え）では、歴史においては当然と考えられている時間の不可逆性が物理学においても証明されることになった歴史的な経緯をたどっている。そこには古典科学から統計力学を経て複雑性の科学への進展を読みとることができる。そのなかで浮かびあがってくるのが決定論的カオスである。それは決定論的な構造をもっていながら、自己反復的な適用によって初期条件の微細な差異が拡大され、予測できないカオス的なふるまいを示す系である。決定論的カオスは、部分的な計画が集合して生まれる自生的な計画概念の可能性を予感させる。

（10）『建築における「日本的なもの」』（「日本的なもの」のデ・コンストラクション）では、グローバリゼーションのなかで、「日本的なもの」は「表現＝モノ」としては消え去る運命にあるが「態度＝コト」としては根強く生き残ると主張している。「日本的なもの」には大文字の「建築」や「芸術」と同じように、それに対抗すればするほど対抗エネルギーをとりこみながら生き延びるようなシステムが埋めこまれているからである。この矛盾を乗りこえるには「態度＝コト」としての「日本的なもの」を突きつめ、デ・コンストラクトするしかないというのが最終的な結論である。

（11）『パサージュ論』（歴史の効用）では、ベンヤミンが「複製技術時代の芸術作品」において論じている、新しい芸術メディアである写真や映画が大衆にもたらす感性の変容論を、建築の受容論へと転換し「建築的無意識」として理論化した経緯を紹介している。同時に、ぼくはベンヤミンの「パサージュ論」を「メタル建築論」へと発展させている。同時代を生きたベンヤミンとル・コルビュジエの対照的な視点、すなわち歴史家としての虫瞰的な視点と建築家・都市計画家としての鳥瞰的な視点の往還が、これからのまちづくりにとって重要な条件であることに注意を喚起している。

(12)『身ぶりと言葉』は、これらの課題をすべて包摂していることがわかるだろう。ルロワ＝グーランは、はっきりとそう言ってはいないが、人間は本来、矛盾を孕んだホモ・ディメンス(錯乱した存在)である。その進化は自生的だが、近代以降、意志＝計画によって大きな揺らぎを与えられるようになった。そこからさまざまな問題が生じた経緯をあらためて観察し、計画から逃れていく「他者」の存在を見直してみようというのがＬＡＴｓの試みだったといってよい。

付録　難波研究室必読書30冊

難波和彦

東京大学に就任したとき、研究室の方向性を明確に示すために「難波研必読書20冊」をリストアップすることにした。学部生にはちょっと無理かもしれないが、大学院生ならばこのくらいの本は読んでいてほしいと考えたからである。なぜ二十冊なのか。とくに理由はない。十冊に絞るのはむずかしいけれど、三十冊では多すぎるのではないかと考えたからにすぎない。大部分は三十—四十歳代に読んだ本だが、ぼくにとってはどれも思い出深く、時間をおいて少なくとも三回以上は読み返し、そのたびに新しい発見があったものばかりである。現在では手に入れるのがむずかしい本もあるが、図書館で探し出して、ぜひ読んでもらいたい。

今回、二十冊に絞ったときに外した本のなかから十冊を選んでラインアップに追加することにした。二十冊を選んだ時点では出版されていない本も入っているが、基本的には読み継がれるべき古典的な必読書と考える本ばかりである。

(1)池辺陽『デザインの鍵』丸善、一九七九年

師匠である池辺陽の遺作であり、ぼくにとってはバイブルのような本である。やさしい言葉で書かれてはいるが、デザインの原理を鋭く突いたアフォリズムにあふれており、ぼくのデザイン思想の原点にもなっている。九十六のテーマの短文に分かれているので、どこからでも読むことができるし、気が滅入ったときに読むと元気が出ると思う。「11　名前のない空間に」「29　対極と融合」「44　複雑な機能は単純な形に結びつく」「93　発見としてのデザイン」はぼくのお気に入りである。池辺の建築思想は必読書(27)と(28)とも深い関係がある。

(2)ジークフリート・ギーディオン『空間・時間・建築』太田實訳、丸善、一九六九年

近代建築史の教科書だが、意外にちゃんと読まれていないと思う。大学院のときにはじめて読んだが、一九七〇年代のポストモダニズム最盛期だったのでピンとこなかった。一九八〇年代になってから自分なりにモダニズム運動の再評価を試みるなかで読みなおし、初期近代建築における技術とデザインの関係を再発見した記憶がある。こういう教科書的な本は一般教養として読むのが当然だと考えられているが、じっくりと読みこむと意外な発見がある。ぼくにとってはアンリ・ラブルーストがそのひとつである。同じことはニコラウス・ペヴスナーの『モダン・デザインの展開』(白石博三訳、みすず書房、一九五七年)やレオナルド・ヴェネヴォロの『近代建築の歴史』(武藤章訳、鹿島出版会、合本版、二〇〇四年)についてもいえる。

(3)レイナー・バンハム『第一機械時代の理論とデザイン』石原達二、増成隆士訳、原広司校閲、

鹿島出版会、一九七六年

ぼくの建築観を決定づけたといってもよい名著である。バンハムはギーディオンやペヴスナーなど近代建築史家の第一世代の歴史観に対する批評的スタンスを明確に打ちだしているので、比較しながら読むとさらにおもしろい。細かな資料を駆使しながら近代建築のデザイン理論を多面的に検討している。一読しただけでは全体の流れを把握するのはむずかしいが、「構築と構成」というキーワードに注目して読むと一気に視界が開ける。本書は原広司が校閲しているが、原の解説を読んでぼくの読みとの違いに愕然とした記憶がある。同じ本でも視点が異なるとまったく違った読み方ができることを本書ほど痛感したことはない。書かれたのは米ソ冷戦の時代だからロシア・アヴァンギャルドに関する記述が欠けているのはやむをえないとして、未来派とバックミンスター・フラーを再評価した功績は、いくら評価してもしすぎることはない。

（4）レイナー・バンハム『環境としての建築』堀江悟郎訳、鹿島出版会、一九八一年（SD選書、二〇一三年）

近代建築における環境制御技術の進展を扱ったパイオニア的な本である。一九六九年に出版されたが、本書に匹敵するような環境制御技術史は、サステイナブル・デザインが唱えられるようになった現在においてもいまだに書かれていない。近代建築の可能性が環境制御技術の進展によっていかに拡大されてきたかが詳細に検証されている。機械技術の特許の歴史を扱ったギーディオンの『機械化の文化史』に比べると、バンハムの視点がいかに的確であるかがよくわかる。本書にかぎらず『建築とポップカルチュア』（岸和郎訳、鹿島出版会、一九八三年）など、バンハムの書いたものは要チェックである。

（5）ユリウス・ポーゼナー『近代建築への招待』多木浩二監修、田村都志夫訳、青土社、一九九二年

比較的新しい本だが、近代建築史の隠れた側面にスポットを当てた好著である。学生時代に本書に出会っていたら、ぼくはもっと早く近代建築史に目を開かれていただろう。フランスの建築ジャーナリズムの中心的存在だった経験から、ル・コルビュジエとも親交があり、生々しい証言が散りばめられている。鉄骨構造の歴史を「非物質化」の概念によって照らしだした視点には、目から鱗が落ちる思いをした。技術と芸術の関係についても、興味深い史観が展開されている。ともかく近代建築史を学ぶのが楽しくなる本である。

（6）磯崎新『建築の解体』美術出版社、一九七五年（復刻、鹿島出版会、一九九七年）

磯崎にはたくさんの著書があるが、ぼくの考えでは本書が最高峰だと思う。全世界的にみても、磯崎ほど広大な視野から時代の建築潮流の変転をクリアにとらえた建築家はいないだろう。一九六〇年代後半の建築状況を、新しい領域を切り開きつつある建築家に焦点を当てながら、同時代的な視点で詳細にレポートしており、これによってモダニズムからポストモダニズムへの移行が決定づけられた。ポストモダニズムの問題機制は、本書によってほぼとらえ尽くされていると言っても過言ではない。

（7）バックミンスター・フラー、ロバート・W・マークス『バックミンスター・フラーのダイマキシオンの世界』木島安史、梅澤忠雄訳、鹿島出版会、一九七八年（新装版、二〇〇八年）

バックミンスター・フラーの仕事を理論と作品に分けて詳細に紹介した本である。フラーに関する本はたくさんあるが、本書が決定版である。ぼくはフラーを通じて科学とデザインの関係について考えるようになった。フラーが唱えたデザイン・サイエンスはサステイナブル・デザインの基本原理である。本書に続けて、フラーに関する一連の本『宇宙船地球号操縦マニュアル』（芹沢高志訳、ちくま学芸文庫、二〇〇〇年）、『クリティカル・パス――宇宙船地球号のデザインサイエンス革命』（梶川泰司訳、白揚社、二〇〇七年）、ジェイ・ボールドウィン『バックミンスター・フラーの世界――21世紀エコロジー・デザインへの先駆』（梶川泰司訳、美術出版社、二〇〇一年）やマーティン・ポーリーによる伝記『バックミンスター・フラー』（渡辺武信、相田武文訳、鹿島出版会、一九九四年）などを合わせて読むと、さらに興味が広がるだろう。

（8）クリストファー・アレグザンダー『パタン・ランゲージ――環境設計の手引』平田翰那訳、鹿島出版会、一九八四年

クリストファー・アレグザンダーの建築観を集大成した本である。アレグザンダーの本も数多く出版されているが、初期の『形の合成に関するノート』（稲葉武司訳、『形の合成に関するノート／都市はツリーではない』SD選書、二〇一三年、所収）と本書が決定版である。パタン・ランゲージは近代建築の機能主義を乗りこえるためにアレグザンダーが考案した設計方法である。ぼくは一九八〇年代にアレグザンダー研究にのめりこみ、彼の『形の合成に関するノート』を通じてモダニズムの機能主義を極限まで推し進めた方法を学んだ。技術に関する彼のプレモダンな考え方を共有できないので、最終的には袂を分かつことになったが、建築計画学の面では本書をこえる計画理論はいまだ

に出現していない。アレグザンダーは後出のトーマス・クーン『科学革命の構造』に触発されて建築におけるパラダイム革命をめざすようになったことも言い添えておこう。

（9）ケネス・フランプトン『テクトニック・カルチャー』松畑強、山本想太郎訳、TOTO出版、二〇〇二年

近代建築における構法とデザイン、技術と芸術の関係に注目している点で、通常の近代建築史とは一線を画した建築史書である。とくに十八世紀以来の建築構法（テクトニックス）の展開を論じた部分は興味深い。ただしフランプトンは技術を芸術の立場からみており、バンハムの視点とは好対照をなしている。とりあげられた建築家はほとんど鉄筋コンクリート造の建築家であり、鉄骨造でとりあげられているのはミース・ファン・デル・ローエだけである。このようなフランプトンの視点からは、残念ながらポーゼナーのいう「非物質化」をとらえることはできないし、サステイナブル・デザインの発想も出てこないと思う。

（10）コーリン・ロウ『マニエリスムと近代建築』伊東豊雄、松永安光訳、彰国社、一九七九年

「理想的ヴィラの数学」や「透明性——実と虚」といった論文があまりにも有名だが、「マニエリスムと近代建築」や「固有性と構成」も見逃せない。ともかく珠玉の論文集であることは間違いない。ロウはワールブルグ研究所のルドルフ・ウィットコウワーの弟子だけあって、どの論文も射程距離の長い視点で近代建築をとらえている。ぼくの視点からロウの所論を評価するなら、近代建築における形や空間の歴史的自立性を明らかにすることによってイデオロギーとしての機能主義や技術主義の足元を突き崩した点にある。その意味でぼくにとってはバンハムの主張を側面から補強す

る建築思想である。ロウの建築観には後出『棒馬考――イメージの読解』のゴンブリッチとの共通性があることも指摘しておきたい。

(11) 柄谷行人『隠喩としての建築』講談社、一九八三年(『定本柄谷行人集2 隠喩としての建築』岩波書店、二〇〇四年)

ぼくは一九七〇年代から柄谷が書いたものをほぼすべてフォローしてきた。そのなかでも本書はとくに思い出深い。単行本や文庫になるたびに何度も繰り返し読んだ。柄谷がアレグザンダーの「都市はツリーではない」を、アレグザンダーの意図とはまったく逆の意味に解釈している点が衝撃的だった。近ごろ出版された『定本柄谷行人集』(岩波書店)を読み通し、思想の構築性と建築の構築性との共通性をあらためて確認した。本書の後に『トランスクリティーク――カントとマルクス』(岩波現代文庫、二〇一〇年)と合わせて読むことを薦めたい。そこでは『隠喩としての建築』の発想がさらに大きく展開されている。『日本近代文学の起源』(岩波現代文庫、二〇〇八年)も近代建築史の思想的背景を知るには重要な文献であり、後出『思想としての日本近代建築』との関係も深い。

(12) ヴァルター・ベンヤミン『複製技術時代の芸術』佐々木基一訳、晶文社、一九七〇年

ベンヤミンの書いたものはすべて断片的で、柄谷とは対照的だが、本書だけは違っている。芸術のアウラ論で有名だが、それよりもむしろ映画・写真と建築の共通性つまり「無意識的な享受」あるいは「触覚的受容」について論じている点に瞠目した。「建築的無意識」について考える決定的なヒントを与えてくれたのは本書である。技術が社会に浸透し人びとの感性を変容させていくメカ

ニズムを、これほど明解にとらえた視点には出会ったことがない。『パサージュ論』で展開されている鉄骨建築史は、その実証例といってよいだろう。

(13) レム・コールハース『錯乱のニューヨーク』鈴木圭介訳、ちくま学芸文庫、一九九九年

アメリカにおけるモダニズムの展開を、ニューヨークのマンハッタンに注目して紹介した本である。「モダニズムはソヴィエトに行って表現を失い、アメリカに行って思想を失った」と誰かが言っているが、本書では、若きコールハースはヨーロッパ起源のモダニズムの観念的でユートピア的イデオロギーをリアリスティックな記述によって批判している。「ニューヨークのゴーストライター」と自称するとおり、歴史はたんなる事実の記述ではなく、特定の価値観にもとづいたフィクションでもあることを痛快に思い知らされた奇書である。

(14) 松浦寿輝『エッフェル塔試論』ちくま学芸文庫、一九九七年

本書を読んだとき、このような本をなぜ建築史家が書かないのか、心底悔しい思いにとらわれた。表象文化論の研究者がエッフェル塔をここまで徹底的に調べ尽くしたことにジェラシーを感じたのである。記号としてのエッフェル塔を、鉄骨の物質的組成から調べあげ、最終的にパリの文化的シンボルへと昇華していく過程を具体的に記述していて間然とするところがない。以来、本書はぼくにとって建築史書の模範的原型になっている。とはいえ最近読みなおしてみて、著者の視点はややイメージに偏りすぎていると感じるようになったが。

(15) ダグラス・R・ホフスタッター『ゲーデル・エッシャー・バッハ』野崎昭弘、はやしはじめ、柳瀬尚紀訳、白揚社、一九八五年

一九八〇年代に一世を風靡したニューアカデミズムの引き金となった本である。アメリカではベストセラーになったが、数学、絵画、音楽を横断する五〇〇ページをこえる大著を読み通した人がはたして何人いただろうか。本書を読むことはぼくにとっては高度な頭の体操であり、論理的・構築的思考の限界を突きつめる作業でもあった。柄谷とは別の意味で、モダンな思考のクールな極限を垣間見せてくれた。

(16) グレゴリー・ベイトソン『精神と自然』佐藤良明訳、新思索社、二〇〇一年

グレゴリー・ベイトソンの著作はすべてダイナミックなシステム思考のケーススタディである。彼の一連の著作を通して、精神が形式的な論理に従いながらたえずそこから抜けだそうとする自己言及システムのメカニズムであることを知り、それまでのスタティックなシステムに時間を導入することを学んだ。本書と並ぶ彼の主著『精神の生態学』(新思索社、改訂第二版、二〇〇〇年)は、エコロジー思想の視界を一挙に拡大してみせた大著である。

(17) クロード・レヴィ＝ストロース『野生の思考』大橋保夫訳、みすず書房、一九七六年

構造主義とは精神と外界の相互作用によって形成されるエコロジカルな定常回路を明らかにする学問である。クロード・レヴィ＝ストロースは、未開人の神話的思考のなかに、近代人に劣らない繊細で複雑な回路を見いだしている。本書からぼくは、人間はなんらかの定常的な回路をもたなければ世界を把握することはできないこと、そして精神と外界の間に新しい回路を形成し、それを記号として表現することが芸術の働きであることを学んだ。デザインとはレヴィ＝ストロースの言うブリコラージュ(器用仕事)にほかならない。

(18) マイケル・ポランニー『暗黙知の次元』高橋勇夫訳、ちくま学芸文庫、二〇〇三年

暗黙知とは分析的で断片的な知をまとめあげ、創発的な知へと統合する非言語的な能力である。部分を全体に統合する作業であるデザインは暗黙知の働きのひとつといってよい。それだけではない。科学の仮説形成や技術的発明も暗黙知の働きの一種である。本書を通してデザインと科学の同型性について学び、精神のエコロジカルな働きを広大な視野でとらえるヒントを得た。そこから生みだされたのが「建築の四層構造」である。しかし四層の独立したシステムを統合化する方法は、いまだに謎である。

(19) エルネスト・H・ゴンブリッチ『棒馬考――イメージの読解』二見史郎、横山勝彦、谷川渥訳、勁草書房、増補改訳版、一九九四年

ゴンブリッチはワールブルグ研究所のメンバーである。本書では芸術家が記号(シンボル)としての芸術作品をつくりあげるとき、参照すべき条件は歴史的に形成された複雑な慣習的な回路であり、それなしには芸術作品は理解されえないことが明らかにされている。芸術作品の制作とは既存の回路に寄り添いながら、それを少しずつズラし、新しい回路をつくりあげることである。「棒馬考」で展開されている機能主義に関する新しい解釈にも眼を開かれた。ゴンブリッチの著作は歴史、芸術、科学を横断する視点に貫かれている。

(20) ジャック・モノー『偶然と必然』渡辺格、村上光彦訳、みすず書房、一九七二年

分子生物学者による進化のメカニズムの紹介だが、その背景にある徹底した科学的スタンスがひとつの冷徹な価値観にまで高められている点に震撼した。進化とは偶然にもたらされた一回的・偶

然的な構造を前提条件にして、それを必然に変えようとする生化学的展開がもたらしたものであるという主張は、それだけでひとつの世界観を示している。進化は一回的で不条理ではあるが、未来に開かれている。本書を通じて、科学的態度を突きつめることが必然的に歴史＝自然史を召還することを学んだ。

追加十冊

（21）ロバート・ヴェンチューリ『建築の多様性と対立性』伊藤公文訳、SD選書、一九八二年

ル・コルビュジエの『建築をめざして』（吉阪隆正訳、SD選書、一九六七年）に次いで多くの人に読まれた建築書であり、『ラスベガス』（石井和紘、伊藤公文訳、SD選書、一九七八年）とともに一九六〇年代末のポストモダニズムの勃興を先導したマニフェストである。モダニズムの調和的美学をルネサンス建築に重ねあわせ、ポストモダニズムをルネサンス以降のマニエリスム美学に重ねあわせることによって、自分の立場を歴史的に位置づけるという知的な操作に誰もが瞠目した。ぼくは本書から、歴史建築と現代建築を同列かつ批評的に見る視点や、批評と作品を結びつけてプレゼンテーションする方法を学んだ。

（22）デニス・シャープ編『合理主義の建築家たち——モダニズムの理論とデザイン』彦坂裕、菊池誠、丸山洋志訳、彰国社、一九八五年

モダニズムの基本的な教義である合理主義の思想について、一九三〇年代から一九七〇年代にかけて書かれた論文のアンソロジーである。ペヴスナー、ロウ、バンハム、ジェンクスといった建築

史家に混じって、グロピウス、ル・コルビュジエ、ブロイヤーといったモダニストの論文も収められている。ぼくは本書から合理主義にも多様な意味があること、合理主義と機能主義とは根本的に異なる思想であることを学んだ。

（23）鈴木博之『建築の世紀末』晶文社、一九七七年

出版直後には賛否両論の議論を巻き起こしたが、現在では日本のポストモダニズムを先導した本として位置づけられている。ぼくにとってはイデオロギー的マニフェストというよりも十九世紀建築史の教科書的な本である。十年ごとに読み返しているが、そのたびに新しい発見がある。描かれているのは十九世紀の社会構造の急速な変化に対して建築家という職能が成立していった歴史である。いまではそれを技術の発展と経済力の拡大、大都市の発生と新しい建築類型の出現などに結びつけ、広いコンテクストで読めるようになった。

（24）多木浩二『生きられた家――経験と象徴』岩波現代文庫、二〇〇一年

建築が経験され生きられることによって象徴へと変容する経緯を現象学的・記号学的に論じた本である。それまで優れた建築批評を書いていた著者の視点の転換とみえたために、建築家からはとまどいをもって受けとめられた。しかしそれは転換ではなく、より広い視点への拡大だった。建築の創造は完成時に終わるのではなく、それが経験され生きられることを通して、当初の意図とは異なる意味が発見されることで生きつづける。ぼくは本書からリノベーションやコンバージョンの時代における時間（歴史）の重要性を教えられた。多木がベンヤミンの『複製技術時代の芸術作品』の詳細な注釈を書いている点にも注目したい。

(25) 八束はじめ『思想としての日本近代建築』岩波書店、二〇〇五年

ぼくが近代建築史の基本的な枠組を学んだのは、八束の一連の著作を通してである。八束はモダニズムの歴史に関する多くの著作を著しているが、モダニズムの多面的な可能性を掘り起こそうとする点で一貫している。そのなかでも本書は日本の近代建築をもっとも包括的に捉えた大作である。「思想としての」と唱っているように、通常の近代建築史とは異なり、明治以降の近代思想の変遷を建築に読みとるという視点で書かれている。つまり(言語ではなく)建築というメディアを通してみた日本の近代思想史と言ってよいだろう。

(26) トーマス・クーン『科学革命の構造』中山茂訳、みすず書房、一九七一年

科学史にはじめてパラダイムの概念をもちこみ、科学は連続的に進化するという既成概念を完全に覆した本である。クーンはカントやレヴィ＝ストロースのように、人間は特定の枠組を通してしか世界を見ることができないことを、もっとも客観的だとみなされている科学において明らかにした。一九七〇年代以降、パラダイムの概念はミシェル・フーコーのエピステーメーと並んでポストモダン思想の核心的概念になった。現在では、物事をみる枠組や世界観を転換することをパラダイム革命と呼ぶようになっている。

(27) ロワイヨーモン人間科学研究センター編『基礎人間学　上・下』荒川幾男ほか訳、平凡社、一九七九年

人間の活動を生物学、人類学、文化人類学、脳科学、言語学、認知心理学、システム論から総合的に捉えようとした試みである。このテーマをめぐって開催された国際会議の記録であり、四十編

以上の論文と討論が収録されている。会議全体の目的は、多様な研究ジャンルに共通な普遍要因を探りだし、そこから多様な秩序が生成される自己組織化システムを明らかにすることにある。編者のひとりであるエドガール・モランの五連作『方法』（大津真作訳、法政大学出版局、全五巻、一九八四―二〇〇六年）はその集大成といえるだろう。

（28）ハーバート・サイモン『システムの科学』稲葉元吉、吉原英樹訳、パーソナルメディア、一九八七年

原書タイトル *The Science of The Artificial*（人工性の科学）からもわかるように、人工物（自然物ではなく）を科学的にとらえる試みである。人工物と自然物の相違は、対象に価値が含まれるか否かにある。知能、認知心理、工学、経営、デザイン、建築、美術、社会計画といった社会的、文化的な現象を一貫した視点でとらえるために、関係性の科学であるシステム論が生みだされる。六〇年代の社会工学や八〇年代の複雑系科学はここから生まれた。概論的ではあるが、デザインを科学としてとらえるための決定的な入門書である。

（29）ウンベルト・エーコ『薔薇の名前　上・下』河島英昭訳、東京創元社、一九九〇年

ボローニャ大学哲学教授で建築記号論の創始者であるウンベルト・エーコが書いた歴史小説である。中世の修道院を舞台にした推理小説仕立てのＳＦだが、まず映画を観て驚愕し、次に原作を読んで博覧強記のヴィジョンに圧倒された。最後に燃えあがる修道院の巨大な迷宮図書館は、ピラネージの地下牢やホルヘ・ルイス・ボルヘスの『バベルの図書館』を想起させる。歴史、哲学、小説、自然科学、言語学、記号論に関する百科全書的な知識が隅々にまで散りばめられ、ひとつの物語へ

と統合された前代未聞の物語である。

（30）エリック・ホブズボーム『20世紀の歴史——極端な時代 上・下』河合秀和訳、三省堂、一九九六年

二十世紀の歴史を可能な限り広い視野から総合的にとらえた歴史書である。ホブズボームは同じような視点から十八世紀と十九世紀の歴史に関する著作もあらわしている。歴史的な事件や人物はもちろん、政治や社会の状況、科学や芸術などの文化的な状況なども幅広くとりあげられており、近代建築史の背景を理解するうえでは必要不可欠の文献である。二十世紀の歴史と並行して生きた著者が個人史として書いた『わが20世紀・面白い時代』（河合秀和訳、三省堂、二〇〇四年）を合わせて読むと、二十世紀の歴史がさらに立体的に浮かびあがってくる。

以上が「必読書30冊」の簡単な解説である。これらが建築の研究や仕事にどう結びついているかを問われても、明確な回答はできない。ぼくにとっては、一冊の本も建築と同じく構築的思考の産物であり、読書は構築された思考の追体験にほかならない。逆にいえば、建築は思考を目に見える空間に構築した一種の本なのである。

あとがき　結論にかえて

ＬＡＴｓの活動は二〇一〇年六月にスタートした。最初にとりあげた本は『日常的実践のポイエテーク』である。この本は日常生活のさまざまな活動がそのまま一緒の創造行為であるという主張を明確に打ち出した内容であり、ＬＡＴｓがめざしている方向性をはっきりと提示していた。それ以降は、参加メンバーによる意見交換によって次回にとりあげる本とふたりの担当者を決定し、二ヵ月ごとに開催する読書会までに、その回の担当者と難波がそれぞれの立場からレジメをまとめて報告することをノルマとした。とりあげる本は、ＬＡＴｓの基本テーマに沿ったものであることはもちろんだが、同時にひとりで読むにはややヘヴィで、メンバー相互で突っ込んだ議論をしてみたいと考える内容の本を選ぶようにした。毎回の報告はインターネット上のウェブサイトに公開することを原則とし、足かけ二年間をかけて十一回繰り返したところで一区切りをつけた。その後に、真壁智治さんの勧めで書籍化の企画がもちあがったので、それを機会に当時、翻訳が出たばかりだったレム・コールハースの『S, M, L, XL +』と、以前から話題になっていた同じ著者の『錯乱のニューヨーク』をとりあげ、これを新たにシリーズに加えて全十二回のＬＡＴｓ報告として本書をまとめたのである。

ＬＡＴｓが活動を開始した二〇一〇年から本書がまとめられる二〇一五年の五年間には、さまざまな出来事があった。最大の出来事はいうまでもなく二〇一一年三月十一日の東日本大震災である。その直後に民主党政権が倒れて自民党の安倍晋三政権に変わった。安倍政権は震災復興と景気回復を抱き合わせたアベノミクスの一環として公共事業の濫発を実施し、景気後退局面にあった建設業界に過剰な需要をもたらすことによって、建設物価と職人不足による人件費の費急激な高騰を引き起こすことになった。二〇二〇年の東京オリンピック誘致の決定は、その傾向をさらに強化し、全国的に公共建築の入札の不調をもたらすこととなる。その影響の一端については第三部の『球と迷宮』でも論じている。これを機に政府や行政が採った対策は、建設工事費の上限を与条件として建築家と建設業者を半ば一体として入札させる「デザイン・ビルト」という日本独特の制度の採用である。公共事業においては、設計者と施工者を分離することが法的に定められている。それは設計によってあらかじめ建物の質を明確に定めたうえで建設費を競争入札させ、設計者の現場監理によって建物の質を確保するためである。しかしながら建設費の高騰によって、ほとんどの公共建築の入札が不調となり、これによって設計と施工を分離する制度の根幹が揺るがされるにいたった。さらに建設費高騰のあおりを受けて、国際コンペの結果に基づいて実施設計が進んでいた「新国立競技場」の計画もいったんゼロベースに戻され、予算の上限が決められたデザイン・ビルト方式によって仕切り直されることになった。本書が出版されるころには一応の解決をみることになるだろう。しかしながら、それによって問題が解決するわけではない。むしろ歴史的にみると、建築家にとってこれまで以上に大きな試練が待ち受けている。以上のような経緯によって、明治時代から続く建築家たちの社会的運動を通じて勝ち取られてきた職能としての建築家の社会的な立場が足元から揺らぐことになったことは間違いない。それだけではなく日本の建築界や建設業界の国際的な信用も失われることとだろう。

このような事態に並行して進んだLATｓの活動は、建築家の職能の社会的な変化をどのように受けとめるかという問題に対して、いくつかのオルタナティブな提案をめざしている。ひとつめは、3・11以降、時代の大きな潮流に逆行するように進んでいる公共建築を中心とするトップダウン的な計画に対する代替案としてのボトムアップ的計画への注目である。これは専門家としての建築家とユーザーとしての市民を、それぞれ独自のクリエイターとみなし、公共建築も両者が協力して作り上げていくべきであるという主張でもある。いいかえれば、建築家は専門家であると同時に市民でもあるということである。このことはすでに一九六〇年代末に一度問われていたのだが、ここにきて決定的な状況となったのである。ふたつめは、建築や都市が与える人々の無意識への影響に対する注目である。建築や都市のデザインは完成したときにその形態や空間が人目を惹くだけでなく、それを使用しそこで生活することを通じて、長い時間をかけて人々の無意識や感性に働きかけ、習慣や生活様式を変えていく点に大きな意義がある。建築家は建築のそのような働きに注目し、その内実を明らかにすることによって、デザインの条件として考慮しなければならないということである。そのためにも、建築家は専門家と生活者・ユーザーとの立場を往還しなければならないのである。三つめは、建築や都市が存在しつづける時間への注目である。それは建築史が扱っているような建築の様式的な歴史のみならず、建築や都市のなかで生活が展開する日常的な時間でもあり、あるいは建築が生まれた人類史的な時間でもある。建築はモノであり空間としてスタティックに存在しているように見える。しかしぼくたちは建築を時間的な存在としてもとらえなければならないのである。

以上のような主張を本書では便宜的に四つの範疇に分類したが、それらは互いに複雑に絡み合っている。読者には建築家の立場が時代の潮流に従って、少しずつ変わり広がりつつあることを読みとっていただければ幸いである。

先にも書いたが、本書をまとめるにいたるまでには紆余曲折があった。ＬＡＴｓは東京大学建築学科難波研究室と難波和彦・界工作舎のＯＢ・ＯＧの有志が集まり研究室の延長として始まった読書会である。二ヵ月ごとに開催した成果をまとめて「10+1」のウェブサイトに十一回連載した。その際にはメディアデザイン研究所の斎藤歩さんに大変お世話になった。連載中に真壁智治さんの目に止まりシンポジウムに誘われたことが契機となって出版の企画がもちあがった。この間に並行して進めていた『レム・コールハース／ＯＭＡ驚異の構築』の翻訳出版を鹿島出版会が引き受けることになり編集部の川嶋勝さんの尽力で本書とほぼ同時期に出版できることになった。そのために翻訳出版されたばかりのレム・コールハース『S, M, L, XL ＋』の読書会を開きその成果を加えて本書を出版することになったのである。右に述べたように、ＬＡＴｓは難波研究室での読書会の延長線上にあるので、そこでとりあげた本はＬＡＴｓのラインアップには入っていない。しかしそのなかにはぜひとも読んでもらいたい本が含まれている。そこで付録として「難波研究室必読書30冊」を加えることにした。これはぼくが東京大学建築学科を定年退職する際にまとめた『東京大学建築学科　難波和彦研究室　活動全記録』（角川学芸出版、二〇一〇年）に収録したものである。

これらを一冊の本にまとめるにあたってはみすず書房編集部の遠藤敏之さんから突っ込んだアドバイスをもらった。このためＬＡＴｓメンバーには何度も原稿の書き換えや校正を頼むことになったが、若い建築家にとっては貴重な経験になったと思う。ぼくにとっては長年の読書経験をまとめる絶好の機会になった。関係者のみなさんには心から感謝したい。

難波和彦

二〇一五年十一月

執筆者紹介

岩元真明（いわもと・まさあき） 1982年生まれ。2006年、シュトゥットガルト大学ILEK研究員。2008年、東京大学大学院修了後、難波和彦＋界工作舎スタッフ、Vo Trong Nghia Architectsパートナーを経て、2015年よりICAD共同主宰、首都大学東京特任助教。

梅岡恒治（うめおか・こうじ） 1982年生まれ。2008年、東京大学大学院修了後、磯崎アトリエ勤務。2013年、梅岡設計事務所設立。

遠藤政樹（えんどう・まさき） 1963年生まれ。1989年、東京理科大学大学院修了後、難波和彦＋界工作舎勤務。1994年、EDH遠藤設計室設立。2008年より千葉工業大学教授。作品「ナチュラルシェルター」（2000年／吉岡賞）「ナチュラルエリップス」（2003年／JIA新人賞、グッドデザイン賞）、共著『住宅の空間原論』（彰国社 2011）『ブータン伝統住居』（全4巻、ADP出版 2015）ほか。

岡崎啓祐（おかざき・けいすけ） 1984年生まれ。2010年、東京大学大学院修了後、大成建設設計本部に勤務。

川島範久（かわしま・のりひさ） 1982年生まれ。2007年、東京大学大学院修了後、日建設計勤務。2012年、カリフォルニア大学バークレー校客員研究員、LOISOS+UBBELOHDE在籍を経て2014年、佐藤桂火との共同でARTENVARCH一級建築士事務所を設立。作品「HOUSE BB」（2009／共同設計）ほか。

光嶋裕介（こうしま・ゆうすけ） 1979年生まれ。2004年、早稲田大学大学院修士課程終了後、ザウアブルッフ・ハットン・アーキテクツ（ベルリン）に勤務。2008年帰国後、光嶋裕介建築設計事務所設立。2015年より神戸大学客員准教授。作品「凱風館」（2011）「祥雲荘」（2013）「旅人庵」（2015）、著書『みんなの家。』（アルテス 2012）『幻想都市風景』（羽鳥書店 2012）ほか。

小林恵吾（こばやし・けいご） 1978年生まれ。2005年、ハーバード大学大学院デザイン学部修士課程修了後、OMA-AMOロッテルダム事務所に勤務。2012年より早稲田大学創造理工学部助教、および設計ユニットIMIN共同主宰。2014年ヴェネチア建築ビエンナーレ日本館の展示計画を担当。2015年よりNPO法人PLAT役員。

佐々木崇（ささき・たかし） 1982年生まれ。2006年、神奈川大学卒業後、設計事務所勤務を経て2012年よりインドネシア竹中勤務。

佐藤大介（さとう・だいすけ） 1982年生まれ。神奈川大学大学院修了。2009年、ロンドン大学バートレットスクール中退。2012年より坂茂建築設計事務所勤務。

杉村浩一郎（すぎむら・こういちろう） 1974年生まれ。2000年、大阪芸術大学卒業後、難波和彦＋界工作舎勤務。2007年、SVGIMVRA et FVGITAKE一級建築士事務所設立。2011年、杉村浩一郎建築設計事務所に改称。

田中渉（たなか・わたる） 1983年生まれ。2005年、東京大学卒業後、BIG（デンマーク）勤務を経て2007年より日建設計勤務。作品「HOUSE BB」（2009／共同設計）「成田国際空港第3ターミナルビル」（2015）ほか。

千種成顕（ちぐさ・なりあき） 1982年生まれ。2008年、東京大学大学院修了後、NAP建築設計事務所、東京藝術大学大学院美術研究科修了を経て2013年より大小設計主宰、2015年よりICADA共同主宰。

栃内秋彦（ともない・あきひこ） 1980年生まれ。2006年、芝浦工業大学大学院修士課程修了後、難波和彦＋界工作舎勤務。

中川純（なかがわ・じゅん） 1976年生まれ。2003年、早稲田大学卒業後、難波和彦＋界工作舎勤務。2006年、レビ設計室設立。2013年、早稲田大学理工学部研究所研究員。現在、東京大学、首都大学東京非常勤講師。作品「箱の家ではない」（2007）「GPLの家」（2009／グッドデザイン賞）「15Aの家」（2013）ほか。

西島光輔（にしじま・こうすけ） 1983年生まれ。2011年、東京大学大学院修士課程修了後、中山英之建築設計事務所を経てベトナムVo Trong Nghia Architects勤務。2014年、同社パートナー。2016年、フリーアーキテクトとして東京・ホーチミンにて活動中。

服部一晃（はっとり・かずあき） 1984年生まれ。2007年、東京大学工学部建築学科卒業後、パリ・ラヴィレット建築大学に学ぶ。2010年、東京大学大学院修了後、隈研吾建築都市設計事務所勤務。

龍光寺眞人（りゅうこうじ・まさと） 1977年生まれ。2002年、横浜国立大学大学院修士課程修了後、難波和彦＋界工作舎に勤務。2008年、龍光寺建築設計一級建築士事務所設立。2011年より芝浦工業大学建築学科非常勤講師。作品「宮田村町二区高齢者支え合い拠点施設」（2011）ほか。

編著者略歴

（なんば・かずひこ）

1947年生まれ．建築家．東京大学名誉教授，放送大学客員教授．文化庁国立近現代建築資料館運営委員，グッドデザイン賞（住宅部門）審査委員なども務める．1974年，東京大学大学院博士課程修了（生産技術研究所・池辺陽研究室）．1977年，界工作舎設立．1996年，大阪市立大学建築学科教授を経て2003年，東京大学大学院工学系研究科建築学専攻教授．2014年，日本建築学会賞業績賞．作品に150戸をこえる「箱の家」シリーズ（1995-），なおび幼稚園（2004）ほか．著書『建築的無意識』（住まいの図書館出版局1991）『戦後モダニズム建築の極北——池辺陽試論』（彰国社1999）『箱の家に住みたい』（王国社2000）『箱の家——エコハウスをめざして』（NTT出版2006）『建築の四層構造——サステイナブル・デザインをめぐる思考』（INAX出版2009）『新しい住宅の世界』（放送大学教育振興会2013）『進化する箱——箱の家の20年』（TOTO出版2015）ほか．

難波和彦編

建築家の読書塾

2015年12月14日　印刷
2015年12月24日　発行

発行所 株式会社 みすず書房
〒113-0033 東京都文京区本郷5丁目32-21
電話 03-3814-0131(営業) 03-3815-9181(編集)
http://www.msz.co.jp

本文組版 キャップス
本文印刷・製本所 中央精版印刷
扉・表紙・カバー印刷所 リヒトプランニング

Printed in Japan
ISBN 978-4-622-07959-0
[けんちくかのどくしょじゅく]